名师名校名校长

凝聚名师共识
回应名师关怀
打造名师品牌
培育名师群体

程明远题

传统文化引领下的特色办学之路

黄辉福 著

中国文联出版社

图书在版编目（CIP）数据

传统文化引领下的特色办学之路 / 黄辉福著. — 北京：中国文联出版社，2023.12

ISBN 978-7-5190-5431-1

Ⅰ. ①传… Ⅱ. ①黄… Ⅲ. ①小学—办学经验 Ⅳ. ①G627

中国国家版本馆CIP数据核字（2024）第030715号

著　　者　黄辉福
责任编辑　刘　旭
责任校对　秀点校对
装帧设计　刘贝贝　李　娜

出版发行　中国文联出版社有限公司
社　　址　北京市朝阳区农展馆南里10号　　邮编　100125
电　　话　010-85923025（发行部）　010-85923091（总编室）
经　　销　全国新华书店等
印　　刷　三河市龙大印装有限公司

开　　本　710毫米 × 1000毫米　　1/16
印　　张　14.5
字　　数　236千字
版　　次　2023年12月第1版第1次印刷
定　　价　58.00元

目录
CONTENTS

第四章
中华优秀传统文化引领特色办学的实践

第五章
中华优秀传统文化引领特色办学再认知

第六章
学科教学活动培养学生的文化自信精神

第七章
传统文化理念下的小学语文教育

第八章
小学语文教学中传统文化渗透路径

第一章 1

文化自信下当代小学教育

传统文化是建立当代文化自信的来源，我们当代小学教育应汲取传统文化的优良精神与智慧，推动传统文化融入小学教育，实现文化的传承与发展。

第一节　探寻传统文化的教育思想与理念

中华传统文化的灵魂就在于“道德”二字。老子《道德经》不仅是一部哲学巨著，而且还具有作为修身明德教育诵读课本的价值和意义，与“立德树人”宗旨相契合。当代小学教育，千万不能离开道德这个根本。当然，传统文化中的教育思想理念很多，对于当代小学教育发展有积极指导与启示价值。

一、传统文化中的教育思想理念

中华民族有五千年文明史，有丰富灿烂的传统文化，如何继承这些老祖宗留下的遗产，使之发扬光大，必然依靠教育，因此，在贯彻新课程背景下教育核心理念的同时，更应充分思考如何把传统与现代相结合，进一步促进我国教育事业的发展。

传统文化中，非常注重人的培养，有很多句子大家都耳熟能详，例如，《论语》中，“不义而富且贵，于我如浮云”，“三军可夺帅也，匹夫不可夺志也”，《孟子》中“富贵不能淫，贫贱不能移，威武不能屈”；《周礼》中的六种基本才能：礼、乐、射、御、书、数；《左传》中的立德、立功、立言；《大学》提到的格物、致知、修身、齐家、治国、平天下。

教育的根本任务是立德树人，将培养人，培养会思考、会做事、有素养的人作为教育的终极目标，为此教育部提出以科学性、时代性、民族性为基本原则，以培养全面发展的人为核心。表现为人文底蕴、科学精神、学会学习、健康生活、责任担当、实践创新这六大素养，可以看出这些素养都和传统文化中的精华有着密切的联系，特别是社会责任、国家认同、珍爱生命、乐学善学等几乎是几千年薪火相传，绵绵不断，这也是我们能屹立于世界民族之林的重要原因。

同时，有教无类，因材施教体现了教育公平。关注了不同学生个性的发展，从而采取不同的方法，将其培养成为对社会有用的人才。

梁启超认为，“少年智则国智，少年富则国富，少年强则国强……少年进步则国进步”，更彰显了教育的重要性，这和我们今天党的教育方针不谋而合。

教育是一个系统工程，必须由浅入深，层层递进，窃以为小学应顺应传统文化要求，引导学生为人之道、强调解决实际问题、关注身心健康发展、摒弃一切以成绩为标杆的做法。而到大学，则应注重成人之道、为人处世、礼义廉耻、孝悌忠信，这对于现代人及学生的成长与发展都具有十分重要的意义，当然，这必须严谨设计，得到教育工作者的认可，将之体现在教学过程中，能够对学生的成长有所裨益。

同时，社会教育、家庭教育对学生的成长同样至关重要，社会应创设公平环境，家庭应有文化氛围，孟母三迁，煞费苦心，但值得学习。良好的家风更是让人受益终身。

以文化人，以文育人，以德树人。儒家强调民无信不立、自强不息、厚德载物、修齐治平、化成天下，所以要促进传统文化深入人心，如习近平所提出的，深入挖掘和阐发中华优秀传统文化讲仁爱、重民本、守诚信、崇正义、尚和合、求大同的时代价值，使中华优秀传统文化成为涵养社会主义核心价值观的源泉。

总之，合理借鉴优秀传统文化，对于维护我们民族之根本并将之发扬光大，是我们每个教育工作者的必修功课。

二、小学生传统文化教育问题之所在

（一）传统文化在学科中的渗透不均衡

随着时代的发展，传统文化的重要性日益凸显出来，学习传统文化、发扬传统文化已成为当代的潮流趋势。作为以育人为本的教育部门，也在教材中加入了传统文化的内容，但加入的传统文化内容在学科安排中不均衡，语文学科承担了大部分的传统文化知识，而其他学科渗透得极少。这种不均衡的设置，不但加重了语文学科的负担，还使得学生无法多方面地接受传统文化教育。

（二）传统文化教育中缺少相应的教育者

在教学活动中，由于部分教师没有接受过系统的传统文化知识培训，在对学生开展传统文化教育时，不知从何处下手。

（三）重分数、轻素质，阻碍了传统文化的发展

虽然我们一直在提倡核心素养教育，但是核心素养教育在乡村教育中很难体现，应试教育思维在基础教育中的因素依旧存在。教师、学校、家长还停留在只关心孩子的分数上，对于其他的教育活动视而不见。

（四）语文课程的使命感不强

在小学众学科中，语文学科与传统文化之间有着密切的联系，应为众学科的文化传承起到表率作用，但从对目前的语文课堂的走访中发现，传统文化教育也只是蜻蜓点水，并没有真真切切地让学生体会到传统文化的魅力。

三、解决传统文化教育问题的策略

（一）均衡渗透，让传统文化教育之花开满校园

传统文化教育包括很多。如尊师重道教育、古典诗歌教育、书法绘画教育、传统工艺教育等，这些都是传统文化的精华。作为学校和教师可以结合本校和本班学生的情况，开设相应的课程，把传统文化教育渗透于各学科之中。

就拿语文这门学科来说，在教授古诗词的时候，语文教师通常都会结合诗的情感，搭配上合适的经典轻音乐进行伴奏，通过轻音乐的曲调将学生带入佳境，然后让学生根据伴奏进行吟诵，在吟诵的过程中感受古诗词所带来的意境美，体会诗人当时的创作情感，通过反复吟诵，最终达到熟读成诵的目的。这些优秀的古诗词都是中国传统文化的代表，是我们祖辈智慧的结晶，值得我们下一代人熟记，并把它一代一代地传承下去。

我们除了可以在语文课中对学生进行古典诗歌教育，还可以在美术课上对学生进行古代绘画欣赏教育；在手工课上对学生进行传统工艺教育；在音乐课上对学生进行古典音乐陶冶教育……总之，传统文化教育的方式有很多种，在不同课程中安排不同的教育形式，不仅可以使传统文化朝多方向发展，而且更有利于被学生接受，易于提升学生对传统文化的兴趣。

（二）对教师进行传统文化教育的培训

俗话说："要想给学生一杯水，教师首先得有一桶水。"教师作为知识的传授者，首先要对中国的传统文化有所了解，这样才能更好地对学生进行传统文化教育。在一些学校，部分教师对于传统文化教育了解得较少，没有相应的知识储备，对学生进行传统文化教育显得有些束手无策，因而首先加强传授者的培训是十分必要的。

例如，我们可以利用假期时间，结合每一学科的特点安排相应的培训内容，让教师在培训中掌握如何在课堂上对学生进行传统文化教育，以什么形式来开展更易于被学生接受。通过培训，教师可以明确方向，更好地将传统文化传授给学生。

（三）转观念，重传统文化的传承

文化是根，是一切事情发展的基石，一个民族的发展离不开传统文化的铺垫，一个人的发展离不开传统文化的教育。但现代乡村教育中应试教育仍占主导地位，观念的落后导致传统文化的传承很难进行。只有转变观念，才能给传统文化教育提供更多的发展空间。

（四）传统文化教育，语文学科应起表率作用

语文的字、词、文中都有传统文化的影子，所以对于传统文化的教育，语文学科有其独特的优势，但目前的乡村语文课堂中还无法体现传统文化的精髓，传统文化与语文学科还没有得到很好的融合，作为小学语文教师，要在平时的教学中有意识地对学生进行传统文化教学。

（五）授课过程中，渗透传统文化知识

例如，《孔融让梨》这篇课文，讲述了年仅4岁的孔融和哥哥们一起吃梨，总是拿小的吃，把大的留给哥哥们吃。这则故事教育着学生们应该向孔融一样懂得礼让，老师在讲完这篇课文后，要将传统文化"懂得礼让"传授于学生，让学生懂得礼让是一种美德，鼓励学生在日常生活中做到学以致用。

语文课本中有很多这样的优秀传统文化的课文，作为教师在授课过程中不能只教知识，还应将其中的传统文化知识传授于学生，让学生从小在传统文化的熏陶下快乐成长。

（六）汉字书写中，传播传统文化知识

中国的语言文字博大精深，每一个汉字都有自己独特的意义，方块字教会了我们应怎样做人，在五千年的文化长河中，我们的祖辈们就是在方块字的指导下一步步走到了今天，所以写好每一个中国字，将这种文化传承下去，是我们每一个中国人的责任。

就拿教诲的这个“诲”字来说吧，它属于形声字，左边的言字旁，代表着话语，右边是每字，代表着每天。这个字说的是，长辈每天都在教诲、教导着晚辈，他们总希望通过自身的说教，让下一代能够做一个明理、知是非的人。

鼓励学生写好每一个中国字，作为教师要亲自指导示范。在书写中让每一个孩子都能看到中国汉字的方方正正，体会到行笔铿锵有力，让每一个孩子都能像中国汉字一样，做一个正直、坚毅的人。除了亲自指导与示范，教师还可以借助多媒体技术展示汉字的演变过程，在汉字演变过程中除了让孩子们感受汉字的形体变化，还可以激发孩子们对汉字的浓厚兴趣，让孩子们在快乐中学会中国的语言文字，让每一个孩子都能将祖国的传统文化发扬下去。

（七）重视传统节日亦是对传统文化的重视

当问及中国的传统节日有哪些时，能够说上来的学生寥寥无几。在孩子们的眼中，西方的情人节、圣诞节、愚人节更受他们欢迎。中国的传统节日为何不被孩子们熟知？那是因为他们对这些传统节日了解得不够深入。作为教师在平时的教学中，要善于利用古诗中所提及的传统节日对学生进行传统文化教育。

例如，《十五夜望月寄杜郎中》这首诗讲的是中国传统节日——中秋节，诗中体现了诗人在中秋节这天的孤独和对家人的思念。中秋节本是一个团圆的节日，可诗人却因为种种原因，无法和家人团聚。根据这些信息，在教学时我进行了拓展，将与中秋节有关的知识整理出来同学生分享，让学生从中感受到传统节日的意义。

中国传统文化是中华民族的宝贵财富，值得我们每一个人去传承，在小学开展传统文化教育，可以让孩子从小就在传统文化的氛围中成长，极早认识到中国传统文化的博大精深。传承传统文化，加强传统文化教育，让中国传统文化永流传，是每一个中国人的使命与责任！

四、小学教育注重传统文化素养培养

站在今天的时代节点，从当下的实践要求来看，对于博大精深的中华文化无疑应该做一些深入的挖掘和阐发工作，从中汲取建设中国特色社会主义文化的精神滋养，加强小学的传统文化素养教育，培养出合格的中国特色社会主义事业的建设者和接班人。

（一）小学优秀传统文化素养的内涵

小学生传统文化素养是指“在小学生原有知识的基础上，通过我国传统文化教育的作用逐渐形成的传统文化的道德品质、自身的文化个性灵活掌握以及传承和创新传统文化的能力等一系列精神要素的总和”。小学阶段是学生道德品质和行为习惯形成的基础阶段，处于此阶段的小学生身体发展相对平稳，心理发展则因为刚进入正规的学校环境而处于一个重大的变化与转折时期。他们情绪不够稳定，自我控制力较弱；思维正从以具体形象思维为主向初步的抽象逻辑思维（经验性逻辑思维）发展；集体意识与个性正在发展，他们开始逐渐意识到自己与集体的关系。因此，在小学主要以培养学生对中华优秀传统文化的亲切感为主，从最浅易的文化入手，让学生逐渐走入中华优秀传统文化的世界中去，感悟传统文化的魅力，初步建立起优秀传统文化素养的结构体系。

（二）小学优秀传统文化素养的培养原则

培养小学优秀传统文化素养并不是漫无目的的探索，在此过程中需要遵循以下原则。

1. 注重开展启蒙性教育

我们的教育对象是小学生。在进行优秀传统文化素养的培育时，小学生的身心发展特点是我们优先要考虑的因素。小学生刚刚进入校园，还不能完全适应学校的集体生活。他们对一切新鲜事物都抱有强烈的好奇心和求知欲，但教师对他们的教育却不能操之过急，否则会对小学生的身体和心理造成负担，进而导致厌学情绪的产生。

在培养小学生的传统文化素养时，我们应注重开展启蒙性教育。从最浅显易懂的“天、地、人”等汉字入手，引导学生初步感受汉字的形体美；在诵读浅近古诗的过程中，体验汉语言的优美，引导学生了解一些中华民族的重要传统节日和节日习俗。我们需要让学生在最初接触中华优秀传统文化的过程中，启蒙学生发现自己对优秀传统文化的兴趣所在，循序渐进地进行引导教育，培养学生的国家认同感。

2. 注重在实践活动中生成

传统文化知识并不等于传统文化能力，更不等于优秀传统文化素养。培育学生的核心素养不能纸上谈兵，要落到实处。小学的学生思维方式正从以具体形象思维为主向初步的抽象逻辑思维发展，集体意识也逐渐增强。我们不能只满足于学校中的传统文化教育，而要让学生回归到社会、回归到自然中去培育他们的优秀传统文化素养。

在培养小学生的传统文化素养时，我们应注重在实践活动中生成。配合学校开展的传统文化教育，设计形式多样的实践活动，拓宽学生对传统文化的理解。同时，也可以试着放手让学生自己规划有关传统文化的主题活动，在活动中培养学生与他人合作、关爱他人、理解他人的集体意识，能够让学生逐渐感受到传统文化的魅力，从而培育其热爱家乡、热爱生活、亲近自然的情感。

3. 注重与日常生活密切相关

学生生活中最主要的两个场所就是学校和家庭，如果学生在学校中接受的教育脱离了学生的日常生活，或者说与其家庭教育不相一致的话，那么在学校中所进行的传统文化教育也就失去了原本应有的色彩，无法达到培育学生优秀传统文化素养的目的。因此，我们应从学生的日常生活中挖掘具有传统文化价值的内容，使学生的优秀传统文化素养从生活中来，到生活中去。

在培养小学生的传统文化素养时，我们应注重与学生的日常生活密切相关。学生的好奇心并不局限于学校，出了学校，他们也同样能问出“十万个为什么”，家长需要同学校一起，及时解答孩子的疑问和困惑，以此来保留住孩子的探索创新精神。良好的道德品质和行为习惯不是一蹴而就的，这就需要家长留心日常生活的小事，在小事中帮助孩子明是非、懂规矩、讲礼仪，引导孩子能够真正地将优秀传统文化素养落实到自己的行为中去。

（三）小学优秀传统文化素养的培养路径

中华文化的发展繁荣需要以承载优秀文化传承的学生核心素养的形成和发展为基础。新时代条件下，如何培育小学生的优秀传统文化素养呢？这主要可以通过以下路径。

1. 以课程作为依托，启发学生的爱国情感

培育学生优秀传统文化素养要想落地生花，最重要的是以课程为依托。从小学语文统编版教材来看，其中出现的古诗词、寓言与神话传说等都浓缩着爱国、明智、持节、自强等中华美德。教师在进行教学时，要以学生自主感悟美德为主，再进行适当引导，进而启发学生的“中国精神”。从学校角度出发，全面落实国家政策不应再搞应试教育那一套，要积极鼓励学校青年教师开发校本课程、中国传统节日课程以及乡土课程，有效整合教学资源，并将这些资源具体化为学生可理解、可吸收的形式，例如编写“抗疫天使”故事集、革命先烈集以及忠孝人物集等，再通过教师身体力行的引导，让学生潜移默化地建立起文化自信与文化自觉，并自然而然地在日常生活中践行文化精神。

2. 开展实践活动，培养学生的社会责任

顾炎武曾说，“天下兴亡，匹夫有责”，其中的“责”字，就是我们现代国人肩上保卫祖国的重责，国人必定要齐心合力，全力以赴。书中的知识是理论层面，身体力行才是根本。因此，切实开展培育学生传统文化素养的实践活动势在必行。在课堂上，教师可以通过开展班会，组织学生针对热点问题进行讨论，并在讨论过程中及时关注学生的思想动态走向，实施后续巩固或纠正策略；不光是学校教师，社会各组织机构也应尽全力配合学校展开丰富多彩的实践活动，共同构建互为补充、相互协作的中华优秀传统文化教育格局。

3. 同家长有效配合，完善学生的人格修养

学生行为习惯的养成和家庭环境是分割不开的，家长是孩子的第一任老

师，是孩子的榜样旗帜。学校纵然是对孩子进行知识与道德教育的主阵地，但仍需家长协同配合，才能培育出“完整的人”。父母的言传身教，一直是孩子形成爱国明礼、诚实守信、礼貌待人等优秀传统文化素养的关键所在。因此，家长应时刻督促孩子，在孩子犯下错误时及时给予正确价值观的引导，不断地修正孩子成长路上的缺点和错误，逐渐完善其人格，而孩子在倾听家长教导时，也要注意家长是否做到了言行合一，进而形成二者相互监督的良性循环链，将优秀传统文化素养深深地扎根在家长与孩子的心中，打好中国底色。

第二节　传统文化教育思想与当代教育理念的融合

传统文化教育思想有可值得借鉴之处，但其诞生的时代背景与当今社会存在差异，因此需要与当代社会教育理念相融合，这亦体现了教育理念的传承发展。如在进行思想道德教育的实践工作中应结合世界形势、立足中国国情，引导构建中华优秀传统文化的科学发展观念。实现优秀传统文化与思想道德教育的有机融合，并在融合的过程中不断自我革新、自我升级，从而更好地为思想道德教育服务。

一、传统文化与学校教育的关系

传统文化，即中华人民共和国经过几千年的文化积累与沉淀，将中华民族的优良传统传承下来的一种文化总和。这种传统文化分为外在文化和内在文化。一个民族的发展与振兴，离不开思想的强大，而传统文化的核心就是思想道德建设。

传统文化与学校教育相融合，才能相互促进，在培育人才方面达到事半功倍的效果。对于低年级的学生，他们对事物的理解能力有限，所以对于他们来说，在传统文化教育方面，以培养一种认同感为主，即认识传统文化并热爱传统文化。随着年龄的增长，学习知识的增多，见闻的扩大，高年级的学生就不能局限于泛泛的传统文化了，而是具体地培养他们对于传统文化的认识。从“识文断字”（中华民族的渊源历史与博大精深的汉字文化）到传统的礼仪，再到明善恶、辨是非。

儒家文化的思想之一就是“以人为本”。首先应当学会做人，然后才是进行书本知识的学习。子曰：“弟子入则孝，出则弟，谨而信，泛爱众，而亲仁。”

其中一条孔子言论的中心思想说的就是如果一个人的才学达到一定的境界，但却没有崇高的道德品质进行维护，那么总有一天这些才学也会离这个人而去。可见，高尚的道德品质多么重要，否则也不会“吾日三省吾身”了。现代著名教育学家陶行知先生就非常主张进行道德相关方面的自我检测：掌握了多少，进步了多少。无论是几千年前的孔老先生还是近代的陶行知先生，关于德育教育的想法确实不谋而合。德育教育乃人格品质的根基，先成人才能成才，最终成大事。所以教书育人，不如先进行德育教育，知识传授次之。

二、传统文化教育缺失的原因

第一，社会经济形态的进步，势必带来一定的其他方面的流失。越来越多的国家和人们开始追求市场经济导致的“利益最大化”，对于传统文化的重视变得不足。在快节奏的社会发展中，人们不但吃“快餐”还要学“快餐文化”。“快餐文化”虽然能起到立竿见影的效果，却不是长久之计。传统文化的深奥之处绝对不是一朝一夕就能参透的。

第二，近几年社会各界开始重视传统文化，并进行大力度宣传，但中国人口基数大，分布比较广泛，致使传统文化教育的宣传并不能深入每一位中国人的内心。互联网的广泛应用，智能手机的普及，加重了这一现象。

第三，虽然家长们都“望子成龙，望女成凤”，并在教育上投入大量的人力物力财力，但是对于传统文化的认识却不足，从而在引导孩子方面也就没有什么有效的传统文化输入。

第四，一方面社会各界对传统文化的传播与重视程度不够，另一方面学校对于传统文化的教育也没有引起足够的重视。大部分学校只是更多地关心学生的成绩、升学率等一目了然的成果。学校是书本教育、思想品德教育的大本营，教师是各种文化教育的传播者。教师的一言一行都会在无形之中影响着每一位学生，教师不重视传统文化教育，学生自然就不会把传统文化当回事。

三、推动传统文化与学校教育有效融合

(一)体验式教学更好地促进传统文化走进校园

中国的传统文化博大精深，也就是说在传承时会有多种方法。除了最原始的讲授，还应当有“体验”在里面。传统文化如果像传统的教学模式那样，只是干巴巴地讲，势必没有什么太大的效果，远不如体验教学效果好。

每所学校应当根据自己学校的实际情况进行相应的传统文化体验式教学的教学模式设计，有效地利用自己所拥有的资源。比如现在很多小学都会开展《弟子规》《三字经》的趣味大赛；在特定的时间组织学生参观非物质文化遗产；在传统的民俗节日进行相应的活动，如包饺子、包汤圆、猜灯谜、包粽子、吃月饼等。不少学校已经开始布置有关于“孝”的家庭作业：给父母洗脚，帮助家里做力所能及的事，拥抱父母说“爸爸/妈妈，我爱您”等。

无论是哪种形式的体验，都会寓教于乐，让学生们“乐中学、学中乐”，在轻松愉悦的氛围中体会中国的传统文化，耳濡目染地感受着传统文化的独特魅力。

(二)学校、家庭有效合作

传统文化教育不能单纯靠学校一方努力，更应该得到家庭的支持与配合。众所周知，父母是孩子的第一任老师，父母的言行对孩子有着深远的影响。比如，上一点提到的拥抱父母说我爱您，很多家长会不配合，甚至出现打击的言行，这就影响了传统文化教育的效果。如果父母有效配合，并把家庭当作传统文化传播的重要“根据地”，再与学校合作，肯定会在传统文化方面起到推波助澜的作用。

总之，家庭与学校教育缺一不可，二者有效融合方能更好地促进传统文化教育。传统文化教育任重而道远。

四、传统文化的家庭教育思想

家庭教育，其主要目标是培养子女的良好品德，是学校教育、社会教育的基础。而在现实社会中，父母过度地重视子女的文化学习和特长培养，轻视子女的品德培养。所以要解决这类“教而不当”的问题，正确的家庭教育思想

和家庭教育原则，显得尤为重要。传统文化是一个民族传承和发展的根本，而儒家思想中的优秀精华部分无疑是今人开展家庭教育的重要思想资源。

（一）家庭教育的主干思想

儒学思想的开端源自“四书五经”，而家庭教育思想作为儒学思想的重要组成部分，必然也受到“四书五经”所确定的儒学精神的影响。如《论语·述而篇》中的一则内容：

“志于道，据于德，依于仁，游于艺。”

其大致意思可理解为：万物并行的大道中立志，遵循正道去做事，心怀仁爱去成长，凭借技能去谋生。我们认为此教育思想是对的，其中的教育次第是非常重要的，先“立德”，后“强志”，再“谋生”。所以我们认为儒学是家庭教育中的主干思想。

（二）家庭教育的具体思想——“四德”

在中华文明历史发展中，不断涌现出很多经典古籍和著名家训书籍。下面结合经典和著名家训，尝试总结出家庭教育中的具体思想——“四德”：孝敬、仁爱、勤俭、谦虚。

1. 孝敬——养亲以得欢心为本

孝敬是中华民族的传统美德，而且总是被列为众德之先的。孔子就说：“夫孝，德之本也，教之所由生也。”如《论语·为政篇》中讲：“今之孝者，是谓能养。至于犬马，皆能有养；不敬，何以别乎？”孔子认为孝顺父母，不仅是赡养，还应该尊敬父母。

此外，儒家思想中孝敬父母并不是一味地顺从父母。在与父母相处的过程中，儿女应该对父母的不当之举进行劝谏。如《弟子规》中讲：“亲有过，谏使更。怡吾色，柔吾声。谏不入，悦复谏。”这些也是儒家对“孝而应有谏”的遵循。

晚清重臣曾国藩所讲：“养亲以得欢心为本……治家以不晏起为本。”我们认为在当代背景下，不论是“孝而应有敬”，还是“孝而应有谏”，最终以“养亲以得欢心为本”应是最好的孝敬释义。

2. 仁爱——自立立人，自达达人

仁爱是中华民族的传统美德，不仅要兄弟姊妹之间相亲相爱，还要能够超越血缘，推己及人以至博施济众。如颜之推在《颜氏家训》中讲：“兄弟者，分形连气之人也，方其幼也……不能不相爱也。”认为兄弟姊妹之间是同父母所生，血脉相连，一同吃饭、穿衣、上学等，即便是其中有人做错事了，也要相互仁爱。

再如《论语·雍也篇》中记载：“子贡曰：‘如有博施于民而能济众，何如？可谓仁乎？’子曰：‘何事于仁，必也圣乎！’”孔子认为博施济众已经达到圣贤的境界。

仁爱在家庭教育中有非常重要的现实意义。在兄弟姊妹的孩童时期，父母教育他们之间相亲相爱，在孩子成长的过程中，会天然地以此为“源点”去推己及人、博施济众，最终达到“自立立人，自达达人”的理想状态。

3. 勤俭——家勤则兴，人勤则俭

勤俭是中华民族的传统美德，不仅是家庭物质财富的来源，也是家庭精神文明的基础。如晚清重臣曾国藩所讲：“家勤则兴，人勤则健；能勤能俭，永不贫贱。”这里所讲的勤俭就是家庭物质财富的来源。

再如春秋时期鲁国公父文伯的母亲说：“夫民劳则思，思则善心生；逸则淫，淫则忘善，忘善则恶心生。”其大意是做人若是勤劳就会心思节俭，节俭就能生善念；做人若是安逸就会心思奢靡，奢靡就会生恶念。

当今社会中，针对父母过度地重视文化课学习、轻视体力劳作的弊病，我们认为勤俭这一美德是解决此问题最好的“良药”。

4. 谦虚——戒满戒骄，君子不器

谦虚是传统家庭教育中必不可少的美德，且儒学家庭教育思想对谦虚的推崇由来已久。《尚书·大禹谟》中记载：“满招损，谦受益，时乃天道。”大意是：自满招来损失，自谦定会受益，这就是天道。这天道大概可以用《周易·谦卦》中的内容来解释。谦卦的卦象为下艮（艮为山）上坤（坤为地），高山入地之象，寓意着：越是高成就的人，越应要谦逊。

“戒满戒骄”是谦虚的过程。谦虚的人总能看到别人的长处进而心向往之，骄傲的人总是看到自己的长处、别人的短处，以至偏袒护短终入狭隘之境。

“君子不器”是谦虚的目的。孔子认为“君子不器”，无论是做学问还是从政，都应该谦虚、博学，如此才能像大海一样。我们认为在家庭教育过程中，父母应教化子女；在学习过程中应“戒满戒骄”，以求博学多识；在做事过程中应“戒满戒骄”，似江海纳百川，最终达到“君子不器”的理想状态。

（三）家庭教育的具体思想——“三志”

“德”犹如沃土，“志”犹如高木。土壤肥沃充沛，树木才能笔直、高大。因此在教育子女的过程中，父母不仅要“立德”，还要“强志”。下面就结合经典、著名家训，尝试总结出家庭教育中的具体思想——“三志”：允公、重学、有恒。

1. 允公——大道之行，天下为公

孝敬为“立德”之本，而允公则为“强志”之基。只有明确志向为何，终不会悔恨一生，并且小志小得、大志大得。例如，《钱氏家训》中记载：“利在一身勿谋也，利在天下者必谋之；利在一时固谋也，利在万世者更谋之。”大意是：为自己一人的利益就不去谋取，为天下百姓的利益就一定谋取；当前一时的利益当然要谋取，千秋万代的利益更要谋取。

少年阶段是培养子女志向的关键时期，而家庭教育无疑是少年养志的重要环境。我们认为父母应从三个方面来帮助子女立志：首先，多让孩子回归大自然，以期了解孩子的天性；其次，多让孩子回归社会，以期能更清晰地了解孩子的人性；最后，多让孩子阅读名人传记类的书籍，利用榜样的力量来帮助孩子立志。

2. 重学——学以致用是根本

中国家庭从古至今都非常重视学习，认为学习可以通义理、明人伦、晓得失、取功名。如《颜氏家训·勉学篇》中记载：“自古明王圣帝，犹须勤学，况凡庶乎！”其大意是说圣贤的皇帝，还需要勤奋学习，更何况我们普通百姓呢？用此来督促子女勤学上进，增强子女重学的意识。

再如《朱子治家格言》中记载：“子孙虽愚，经书不可不读。”阐述了学习内容，要多读经典，以求培养品德、增长智慧。

在如今的家庭教育环境中，我们认为学习内容应以学以致用为根本；在当下的教育环境中，从整体人生的价值来看，学习内容应有轻重本末之分。

3. 有恒——强行者志，自胜者强

教育子女有恒心，同样是家庭教育的重中之重。如《孟子·尽心章句上》中记载："有为者辟若掘井，掘井九轫而不及泉，犹为弃井也。"

在家庭环境中，为父母可用此法来训练子女的恒心。其一：每日计量，不可中断。每日给子女规定功课、亲自更改，并做相应的记录，通过上行下效的方式，以期达到"强行者志"的目的。其二：锻炼劳作，自磨毅力。节假日可给子女规定体育锻炼、田间劳作等任务，让其在锻炼和劳作过程中，自磨其心志，以期达到"自胜者强"的目的。

以上内容基本呈现了传统文化家庭教育思想中的精华部分，需说明的是：研究传统文化中的家庭教育思想是为了服务当代家庭、指导当代家庭教育，希望父母可以明辨之、慎思之、笃行之。以"志于道，据于德，依于仁，游于艺"为家庭教育的主干思想，教育子女在万物并行的大道中立志，然后遵循正道去做事，心怀仁爱地成长，最后凭借着技能去谋生。先"立德"，后"强志"，再"谋生"。

五、传统文化与现代学校德育

传统文化，是落脚于文化、对应当代文化和外来文化而言的，其内容应该是历代存在过的种种物质的、制度的和精神的文化实体和意识形态。在回答中国传统文化与思想道德教育的内在关系是什么这一问题时，都将中国传统文化理解为狭义上的，以儒家文化为主体，佛道文化为辅助的优秀思想文化。

（一）传统文化在思想道德教育中利用的基本原则

第一，在利用传统文化的过程中，具体问题具体分析，把握所要解决问题的重点，有针对性地选取传统文化中最适合的内容来结合思想道德教育从而进行有效的教育实践。

第二，将传统文化与根据社会发展过程中出现的问题相结合，与社会新兴的现象相结合，多方体验发展，丰富其内涵的同时也为其增添了鲜活的生命力。

第三，将传统文化与思想整治相结合只是一种理论探索，我们想要通过思想道德教育发挥传统文化的文化功能，通过传统文化实现思想道德教育的有效性。

（二）传统文化在思想道德教育中利用的主要内容

随着社会的变革，当前人们的价值观有朝着个人利己主义、价值目标短浅、唯利是图等不良价值观发展的倾向。在这种情势下，引导建立正确的价值观十分必要。一方面，找到传统文化与社会主义核心价值观的关联，中华民族的优秀传统文化以其深厚底蕴为社会主义核心价值观的内容奠定了丰富的思想基础。另一方面，传统文化中蕴含的价值观要想在现时代灵活运用，就要进行一定的筛选，传统文化中包含需要继续弘扬的、更新的、加强的价值观念都需要进一步深刻构建。

在利用传统文化的过程中，不仅要将传统文化内在的理论意义还原出来，也要对其进行新的解读，实现传统文化的教育力。传统文化中不仅包含了可以超越时代的精华，也具有偏离时代发展的局限性。传统文化不能故步自封，要通过不断的实践和学习，焕发生机。另外，敢于对传统文化进行重新解读，敢于质疑，事物是不断发展变化的，不能盲目迷信权威。在利用思想道德教育发挥传统文化作用的时候，要具体情况具体分析。

（三）传统文化在思想道德教育中的价值

传统文化随着历史的发展传承下来，经过长期的民族生活已经融入人们的生活习惯和思想观念之中。人们本身对其有浓烈的认同感，为思想道德建设埋下了深厚的基础。思想道德教育是一个开放包容的学科，也需要深厚的理论建设，中国传统文化的融入，为思想道德教育奠定了基础，开发了资源，也提供了从微观到宏观的教育方法探究，以传统文化为基石使思想道德教育更有说服力。

1. 传统文化是思想道德教育的重要内容

爱国主义是思想道德教育永远不变的主题，在中华民族漫长的发展史上所体现出的凝聚力和向心力牢牢铸就了爱国主义精神。中华民族的爱国精神和社会责任感代代相传，对当代思想道德教育来说，要强调保护国家、集体和社会的利益，就要继承和弘扬我们的民族精神。重视人的道德修养是中国从古至今的重要要求，所以也形成了丰富的文化内涵。孔子的思想理论中强调“自省”，强调以德服人，从而有利于个人形成良好的道德品质。在快速发展的现代社会，人们将经济利益放在生活的重要位置，道德滑坡的社会现象越来越多，人们的精神家园建设应该得到重视。在道德建设方面，将中华优秀传统文化中对人道德的培养因素与社会主义道德建设相结合，通过思想道德教育提高社会成员的道德觉悟。“桃李不言，下自成蹊”，具有优秀内在品质的人值得被敬仰。拥有清明的志向和宽广的心胸，提升自己的见识，树立远大的人生目标，追求人生理想等都是修养人格和提升自我的重要表现。同时，要培养正确的入世态度，是处理人与人之间的关系，把握待人接物尺度的关键点。

2. 传统文化是思想道德教育的重要资源

中华文化历史悠久、内涵丰富、形式多样，对于思想道德教育来说是非常丰厚的资源。无论是流传至今的文化典籍还是自古习成的礼乐制度，无论是先生课堂上的传道授业还是父母言传身教，无论是从劳动实践中感悟的还是交流融合中产生的传统文化，它涉及生产生活的方方面面。通过与思想道德教育的融合发展，更加适用于各种各样的人，也能应用于解决各种各样的问题。中华优秀传统文化体现了我们的民族精神，同时优秀传统文化也能与时代精神相结合，与社会主义文化相适应，符合社会发展的要求，体现了传承性与创新性。思想道德教育的精神支柱是传统文化中支撑我们中华民族一路走来披荆斩棘的重要部分，即理想信念。中华民族始终没有动摇自己的理想信念，坚守自己的文化底蕴，以文化育人，形成整体、全面的文化风气，才使得我们的民族延续千年。

3. 传统文化在思想道德教育中的指导利用

有学者认为中国的传统文化渗透在我们生活的各个方面，很多时候我们已经内化于心，但是缺乏系统的指导来激发出传统文化育人的良好效果和我们从中习得的优秀品质。通过利用思想道德教育，使传统文化的文化价值更科学合理地发挥出来。思想道德教育也需要传统文化的配合和指导，利用传统文化的特性来实现思想道德教育的有效性。

中国是一个文明古国，有着五千年的悠久历史文化。它推动着中华民族不断地前进，教育着每一个中国人都应该自强不息。小学生作为祖国未来的接班人，肩负着建设祖国的重任，继承优秀的传统文化，是每一个接班人义不容辞的责任。但从目前的情况来看，我们的传统文化并未得到足够的重视，小学传统文化教育仍存在着很多问题，这些问题阻碍着传统文化的发展，只有解决了问题，才能将华夏文化发扬光大。从目前小学生传统文化教育中存在的问题入手，寻求解决问题的方法，让中国传统文化永流传。

六、通过国学促进传统文化融入现代教育

国学一词难免使人将其与中华优秀传统文化联系起来，具有极高的文学价值和教育意义。小学生的思想观念日渐成熟，以国学教育为着手点，将传统文化渗透进教育教学当中成为教师的一项使命，也是民族精神的一种延续。因此，国学教育逐渐成为小学阶段的教育主题，学校和教师应该充分抓住小学生的学习特点以及年龄认知，选择合适的方式向其渗透传统文化，使学生能对国学以及其中蕴含的文化形成深刻的理解。

（一）合理选择国学教育内容

我国传统文化经历了五千年的发展，其中不乏各种优秀的国学经典作品。但是，从小学生年龄特点的角度来看，并不是所有的国学知识都适用于小学阶段的教育。中华优秀传统文化是中华民族的“根”和“魂”，是中华民族的“精神命脉”，这就突出了国学教育的重要性。教学内容是开展国学教育的关键。因此，教师应该为学生合理地选择国学教育的内容，使其能真正发挥传承传统文化的作用。小学生的理解能力较弱，教师可以选择一些较为简单的内容，比如《三字经》《弟子规》《千字文》等易于学生理解的国学知识，并将这些内容渗透到各个学科的教育教学当中，为学生建立较为完善的国学教育体系。

（二）引导学生树立正确的国学思想

要想实现在教育教学中向学生渗透传统文化的目标，其前提是培养学生树立正确的国学思想，使学生能从自身思想观念的角度认识到什么是国学、国学教育的意义是什么，以及如何掌握正确的国学学习方法等。面对多元文化的影响，一些小学生逐渐与国学知识渐行渐远，甚至完全不了解我国的优秀传统文化。针对这样的教学情况，教师应该有意识地向学生渗透国学思

想，将一些生活中比较平常的表现与国学知识结合起来。例如，以“孔融让梨”的典故来教育学生形成尊敬长辈、懂得谦让的品质。通过这样的方式将国学深入贯穿于学生的学习生活当中，成为思想体系中的一部分，强化其对传统文化的认识和理解。

（三）开展多元化的国学教育方法

对于小学生而言，丰富的教学方法更能使其对某个学科形成学习的兴趣，对于国学教育也是一样的。因此，教师可以采用多元化的方法为学生开展国学教学活动，拓展国学教育的范围，保持学生对国学知识的新鲜感。首先，教师可以为学生组织和开展一些实践活动，比如国学经典诵读。由教师指导每个学生选择自己比较喜欢的国学经典进行诵读，并能谈一谈自己的理解和感悟，或者互相交换自己最近阅读的国学经典书籍，共同交流。其次，教师可以为学生开展书法教学课堂，专门以书法教育为载体，以汉字的内涵为内容，向学生渗透我国传统文化的博大精深，使学生不仅能书写汉字，更能理解汉字的灵魂。最后，教师可以将一些国学知识转换成一些生活故事，以微课的形式录制下来，每个故事中反映一个国学道理，让学生在观看过后能得到思想方面的熏陶和积极影响。

（四）善于总结和反思国学教育经验

国学教育对于教师而言是一个新的领域。要想实现理想的教育效果，就需要教师从自身的角度出发，经常根据学生的表现进行国学教育的反思和经验总结。不同的学生在国学教育中所能达到的学习层次不同，教师应该遵循“因材施教”的传统教育理念，对学生进行具有针对性的国学教育。在教育实践中，教师可以将学生划分为国学学习小组，每个小组作为一个学习单位，利用一些早自习或者课间时间，由小组长带领组员诵读一些国学内容，针对某个国学知识点展开交流和讨论等。长此以往，使学生将传承、挖掘和学习中华优秀传统文化作为良好的习惯。教师可以根据自己所总结的教学经验，不断调整国学教育的方法和模式，从而为学生提供更加优质的国学教育，以实际教学行动践行传承传统文化的理念。

开展国学教育已经逐渐成为现代教育教学的一个重点，对培养学生形成正确的思想理念，对中华优秀传统文化形成深入理解和认识发挥关键性的作用。在传承传统文化的目标指导下，可以合理选择国学教育内容，引导学生树立正确的国学思想，开展多元化的国学教育方法，善于总结和反思国学教育经验。

七、传统文化引领学校师德师风建设

在社会改革开放的市场商品经济时代，社会开放程度越大，多元化的价值观念对教师的思想冲撞越剧烈，社会上不良风气对教育行业也造成了很大的影响。教育行业对后代的影响超过其他行业，因此，只有师风正，则学生风正，推而广之则世风正。中华民族的凝聚力量、中华民族的魂，从根源上讲，其实大体上都集中在教师身上，因而加强师德师风建设，显得尤为重要和必要。

（一）当前教师师德师风现状分析

除了家长，学生接触最多的人便是教师。对于正处于身心发展重要阶段的小学生来说，很容易受到教师的影响，无论师德师风如何都会影响到学生身心发展，给学生留下深刻印象。良好的师德师风能够教育学生，让学生懂得自己的成长方向，不良思想与行为则会给学生留下心理阴影，甚至让学生不敢上学。教师是学生学习与成长路上的引导者，正向的心理素质、完整的人格、较强的工作能力可以激发学生的学习积极性，培养出综合能力强、素质高的学生。可见，师德师风建设在小学教学中占据重要地位。当前教师敬业乐教，无私奉献于教坛的占绝大多数，他们在工作繁重、条件艰苦的环境下，以自身高尚的师德与良好的师表行为影响与培育大量德才兼备的学生，赢得了社会、家长、学生的信赖和赞誉，的确令人可敬可贺。同时，我们也应当看到，当前一小部分教师的师德师风存在着令人担忧的问题和现象，下面把教师分为三类，从三个层面做一些分析。

1. 青年教师

这类教师年龄在35岁以下，他们的特点是：奋发向上，工作热情高，学历高，专业知识过硬，对名牌衣服、车、房子、进城比较感兴趣。他们普遍存在的问题是：重视业务能力的提高，忽视思想道德修养的提高。个别青年教师对自己要求不高，在遵守学校的规章制度和有关的规定上自觉性较差，如自己有事不请假就离校，缺勤、缺课、缺会情况较多。在学生问卷调查中，在师德方面意见最集中的是青年教师。

2. 壮年教师

这类教师年龄在36—45岁，他们的特点是：较能遵纪守法，对师德师风较为注重，他们的专业知识得到了较大的提升，也积累了较多的教学经验，对教学规律非常熟悉，是教育的中坚力量。但有少部分教师工作缺乏激情，思想上对教学已经放松，教学水平较平淡，教学业绩不突出，他们处理各项事务大体采取按部就班的方式，敬业精神和进取观念淡化，创造能力得不到较好的发挥，且牢骚较多。

3. 老年教师

这类教师年龄在46岁以上。其特点是：学历不怎么高，其中大部分是属于民办教师转正的，但各个方面经验丰富，处事自如稳重，有很大的耐心，人格修养较高。他们普遍存在的问题是：知识结构老化，自己觉得过两年就退休了，所以不思进取，教学创新能力不高，得过且过，有的甚至以养病为由已提前离开工作岗位，无所事事。

（二）问题原因

1. 客观原因

改革开放以来，多元化的价值对人的思想冲击，以及经济发展的不平衡、竞争机制、管理制度的不健全，使社会收入分配差距拉大，如一些个体经营户或私营企业主收入迅速增加，甚至一夜暴富，与之相比教师工作繁杂，收入明显偏低，心理上不平衡，于是出现搞第二职业热、拜金主义热，甚至一些教师禁不住金钱与物欲的诱惑，做出违背自己良心和教师道德的行为。

2. 主观原因

中华民族现在最缺的是人们共同的信念和信仰。中国曾是一个十分推崇道德的国家，“仁、义、礼、智、信”、孔孟之道曾主宰着中国人几千年的精神世界，然而自五四新文化运动以来，“打倒孔家店”、打破旧思想的呼声一片，我们对传统文化的批判达到登峰造极的程度，对其的误解、歪曲也达到了顶峰。中华人民共和国成立以后，又有过“毛泽东思想”的灵魂洗礼；有过“雷锋精神”的伟大情操；我们既有过信仰宗教的历史，也有过信仰共产主义的年代，但是在举国发展经济“致富最光荣”“一切向钱看”的浪潮中，唯有个人利益才是最实际的，而道德、良心、信誉、修养等统统被抛弃了。

（三）解决对策

抓住问题的主要矛盾，我们把中华民族赖以生存和发展的精神源泉的传统文化无情地抛弃了，我们已有三四代人没有得到传统文化的洗礼了，所以我们出现了许多问题，不是传统文化讲得太多了，而恰恰是讲得太少了，因而弘扬传统文化之精华，促师德师风建设尤为重要。

1. 汲取传统文化之精华，促廉洁从教

《论语·里仁》“君子喻于义，小人喻于利”，君子谋道不谋食。从这些话中君子懂得什么是道义、正义，而小人往往只顾眼前利益，只懂赚钱，君子不排斥钱财，他只懂得君子爱财取之有道。这些年来社会上的不良风气对教育行业造成很大的影响，小到学校乱收费，“吃”学生“拿”学生，大到教师个人贪占学生，一度成为一种极坏的社会风气。教师是一个光辉的职业，要当好一名教师首先学会像古人一样懂得修身修心，孟子曰：“人生有三乐，而王天下不与存焉。父母俱存，兄弟无故，一乐也；仰不愧于天，俯不怍于人，二乐也；得天下英才而教育之，三乐也。”重温这些质朴的语言，确实是金玉良言，其实学生是教师的最大财富。

2. 汲取传统文化之精华，促关爱学生

为人师表，团结协作，构建和谐校园，促进教育可持续发展。

（1）儒家提倡“仁、义、礼、智、信”。“仁”是孔子道德最高境界，其含义：爱人泛爱众，孔子曰：“己所不欲，勿施于人。”即时时刻刻把自己放在与旁人同等地位上，推己及人，充分为别人着想，尊重别人的意愿。孔子又重视“礼”说“不知礼，无以立”，即尊重他人，知礼才能自立。《弟子规》上有这么一句“揖深圆，拜恭敬”，告诉我们给别人鞠躬时一定要深要圆，这是古人对礼的具体要求。我在一次教学中，就快要上课时我突然闹肚子，上了趟厕所，这样耽搁了几分钟，当我走到楼道内时，已听到教室里嘘声一片。我走进教室后深深地向学生鞠了一躬，并说了声“对不起，老师迟到了”，结果出乎我的意料，学生顿时鸦雀无声，并没有因我的低头而嘲笑我，而是从他们的眼神中看出了他们对我的尊重，那一堂课学生听得异常认真。每个学生应该享受一种平等的受教育的权利，新课程将教师的角色定位为学生的合作者、参与者、引导者，关爱学生就是要尊重学生，和学生建立平等地位的师生关系，这样可以促进学生敢想、敢问、敢说、敢做，真正成为学习的主人。“精诚所至，金石为开”，春天播下师爱的种子，秋天必定结出尊师的硕果，师爱如无声春雨，在不知不觉中滋润着学生的心灵，更重要的是实现爱的迁移，教给学生如何爱人。

（2）孔子曰：“其身正，不令而行；其身不正，虽令不从。”一语中的地指出了教师为人师表的重要性，身教大于言教。教师是学生心中崇高的榜样，教师的思想、信念、道德、礼仪、行为在班级管理和教书育人中，对学生产生潜移默化的积极影响和教育作用，身教这种方式比批评教育、责骂与训斥效果要好得多，能达到无声胜有声的教育境界。

（3）孔子在《论语·颜渊》中讲道：“君子以文会友，以友辅仁。”《论语·述而》中说：“三人行，必有我师焉，择其善者而从之，其不善者而改之。”作为君子要以文章、以学问交朋友，以弥补自己的不足，大家取长补短才能共同进步。我们一定要把教研教改活动、集体备课活动、优秀教案的共享务必做到实处，才能发挥更大的作用，对教师自己也是一种提升。团结一致的教师集体，是构建和谐校园的基础，也是保持教育可持续发展的先决条件。

孟子曰：养浩然正气。《易传》：“天行健，君子以自强不息。”我们教师更应有这种高尚之正气和伟大的节操、有爱国的大节、有慷慨的正义、有自强不息的信念、有顽强拼搏不屈不挠的精神，并把这些大气大节移迁给学生，传播于社会，重塑我们中华民族的气节和脊梁，实现我们整个中华民族的崛起和强盛！

3. 学习传统文化，重视个人修养

作为小学教师，为做好学生的教育工作，践行良好师德师风，应不断学习传统文化，重视个人修养，用自己的高素质和言行影响与感染学生。教师虽然担任着教书的重任，但也与学生一样正处于不断的学习成长中，只有不断学习、充实自己才能为学生传授更多的知识，懂得更多的教学方法。在核心素养教育改革以后，很多新型教学理念与教学方法被提出，为做好教学工作，需要教师不断学习新理念、新方法，并懂得运用所学提升教学质量。同样，我国拥有丰富的传统文化资源，对学生身心教育有着十分重要的作用，教师可将自己所学到的传统文化知识合理地融入教育中。

4. 做好外部环境建设，营造良好氛围

人生活在怎样的环境里就会受到怎样的影响，为做好小学教师师德师风建设，融入传统文化，需要学校做好外部环境建设，营造良好氛围。首先，学校方面应构建完善的师德师风制度，明确对教师的要求。如作为小学教师不仅要关心学生学习，还要关心学生身心发展，平等对待所有学生，定期与家长沟通，杜绝在学生面前说脏话，做到举止文明。其次，在校园宣传栏张贴良好师德师风画报，办公室悬挂教师行为准则，如“君子者，才德出众之名。德者体也，才者用也”“天行健，君子以自强不息。地势坤，君子以厚德载物”等，时刻提醒教师做一名优秀的育人工作者。最后，重视政治学习。为做好学生的思想教育工作，政治学习是小学教师师德师风建设中不可缺少的，学校应每隔一段时间组织教师参加一次政治学习，解读政治理论，学习最新思想，要求教师在教育学生的过程中坚守即便不成才，但必须有良好德行的底线。只有学校足够重视，才能为传统文化与师德师风建设的结合奠定基础。

5. 开展传统文化相关活动，增加教师参与性

为促进传统文化与师德师风建设的结合，开展与传统文化相关的活动也是不可缺少的一部分，让教师在活动中深化对传统文化的理解，并将其运用到实践教学中。如我国的传统文化中琴棋书画备受关注，尤其是随着国家综合国力的提升，小学教师偏向年轻化，懂得琴棋书画的教师也在增多，学校可以每隔一段时间组织一次与琴棋书画相关的活动，鼓励教师参与其中，最好师生共同参与，这样不仅可以拉近师生之间的情感距离，还能缓解他们的工作与学习压力。同样，教师在实际教学中也可引入与传统文化相关的内容，师生互动完成，实现共同学习共同成长。如在学习《邹忌讽齐王纳谏》这一课时，需要让学生明白只有虚心听取他人的意见，纳谏除弊，才能把事情做好。同时，师生也要了解在劝告他人的时候，尤其是在劝告上级的时候，可以采用相对婉转的方式，这样既不让上级的颜面有损，还能起到劝谏的作用。

6. 构建师德考评制度，引起教师重视

在传统文化与师德师风建设的结合中，还需要构建师德考评制度，真正将师德作为教师绩效工资的一部分，以此引起教师的重视。如果将师德考评纳入教师职称评价中，势必能够引起教师的重视。如考核教师在教学中是否融入中国传统文化，是否践行师德师风准则，从学生的问卷调查中了解他们对教师的评价，加之教师的教学能力，只有综合能力强、素质高的教师才能获得更高一级的职称。同时，为激发教师对传统文化与师德师风建设的重视，每学期可以进行一次评选，越优秀的教师可获得的绩效奖金越多。此外，在考评教师师德师风的过程中，可以将是否对小学生心理有足够了解纳入其中，引导教师了解小学生心理。

师德师风建设一直是教育重点，教师的素质越高，学生的品行就越好，随着传统文化备受重视，将传统文化与师德师风建设结合在一起可以为教师指明前进方向，同时也能有效提升教师的教育水平，懂得从学生心理入手，进而构建和谐校园。

第三节　传统文化与文化自信

中华优秀传统文化有着悠久的历史，具有独特的魅力，是中华民族的精神脊梁。传统文化经过数千年的演变和发展，它的基本精神带给国人的影响深远而又持久。中华优秀传统文化、革命文化和社会主义先进文化辩证地统一于马克思主义中国化的客观历史进程中，它们共同构成了我国文化自信。革命文化是我们需要不断发扬光大的宝贵精神财富，社会主义先进文化是我们建设的推动当代社会主义文化大发展大繁荣的保证，引领着中国文化的发展方向。中华文明五千多年发展中孕育出的中华优秀传统文化则积淀着中华民族最深层的精神追求，代表着中华民族独特的精神标识，对于建立文化自信有着无可替代的作用。

一、传承优秀传统文化与建立文化自信的关系

（一）优秀传统文化是文化自信之基

文化自信并非无本之源。文化自信源于中华优秀传统文化的根基，源于对自己民族优秀文化的一种坚定自信，源于对自己的优秀传统文化必要的尊重，也源于对民族的文化特质和文化价值准确的判断和定位，中国文化自信的底气来自中国传统文化。坚定文化自信离不开对中华民族历史的认知和运用。这是对文化自信源头和出处的阐释。从历史上看，中华文明是世界各民族文明中历史最为久远的文明之一，由此衍生出的中华文化更是独树一帜，文脉绵延。四大文明古国中，中华文明虽历经磨难，但中华文化却从未断绝，如早期的四夷入侵，到元代和清代游牧民族入主中原，甚至近代以来西方文明的进入，不仅未能使中华文明中断或灭亡，反而赋予中华文化以新的

内容和更强的生命力，成为影响人类社会发展的一支重要文化力量。

内容上，中国传统文化博大精深、源远流长，中国传统文化已植根于中华民族五千多年，在其漫长的发展历程中对国人产生了深远的影响。主要内容包括：睿智的哲学宗教思想、完善的道德体系、辉煌的文学艺术成就、独特的语言文字形态、浩瀚的文化典籍以及萌生最早并曾领先世界的科学技术等，共同构成了中华优秀传统文化的丰富内涵。在数千年积累的历史长河中，无论丝绸、陶瓷、汉字、四大发明还是戏曲、礼乐、太极，又或者是“有朋自远方来不亦乐乎”的礼仪还是“以和为贵”的传统文化精神、“天人合一”的价值观，都浸染着数千年来的中华民族。这些优秀传统文化的产生和积淀，最终被整个民族共同认可、普遍接受，并深深地植入了中华民族的血脉中，是当代文化自信的深厚来源。

文化自信是马克思主义中国化的新成果。中华民族伟大复兴必须要有文化的引领和推动，中华优秀传统文化为中华民族的强盛提供了源源不竭的精神动力。只有不断深入中华民族文化的肌理，马克思主义的中国化才能真正得以实现、发展，中国特色社会主义事业才能不断向前推进。此外，中华优秀传统文化也为中国人民提供了丰厚的实践内容，为治国理政提供了有益启示。当前，我们最为重要的实践之一便是马克思主义中国化的实践。中国传统文化则从文化层面赋予了马克思主义中国化以特定的文化属性和文化内容。

（二）传统文化是文化自信的精神引擎

一般而言，一个时代的思想、精神资源主要来自自己的传统，我们都是站在先人的文化土壤上发言。对中国而言，中国具有其他国家所没有的数千年连续不断的文明传统。中国传统文化是中华文化的基础和“血脉”，在弘扬民族优秀文化、吸收消化世界优秀文化成果的基础上历经世代传承，形成符合时代特点的中华文化，是提升文化自信的首要资源和重要基础。以儒家文化为载体的孔子学院在世界范围内开办，已经成为中国文化传播的全球品牌和平台，成为其他国家和世界认识中国文化的重要窗口，也将中国的文化输出与硬实力展现同步推进。

在外交领域，我们主张亲邻善邻、和而不同，追求和谐共处，与“君子和而不同，小人同而不和”不谋而合，但我们仍不忘坚决维护自身利益，不向任何霸权势力妥协，生动体现了“为国不可以生事，亦不可以畏事”的责任担当和底线思维。

二、弘扬传统文化中增强文化自信存在的问题及挑战

（一）技术革命影响对于传统文化的认同

在当前社会形势下，技术及文化属于促使信息社会快速发展的重要驱动力，信息技术革命虽然使人们精神文化生活更加丰富，然而同时也在很大程度上影响文化安全。对信息技术而言，其在传统文化方面产生的影响具有两面性，虽然可在一定程度上消解传统文化，然而也可适当调适传统文化，两者之间具有比较复杂的多层次关系存在。由于网络虚拟空间影响，在全球范围内信息均能够得到广泛传播及流动，然而我国传统文化大多数仍处于相对独立且封闭状态，传统文化未能通过相关信息平台得以充分展示及传播，而西方发达国家利用信息优势逐渐发展成为信息强国，导致原本的文化双向交流转变为单向输出，导致信息资源及信息流通未实现较好对称，这种情况不但使我国文化及价值观念受到不良影响，并且影响我们的文化自信心。

（二）西方强势文化影响中华民族向心力

在当前社会发展大形势下，有些西方国家仍通过文化霸权主义及民族分裂主义对其他国家内政随意干涉，尤其在东欧剧变发生之后，有些西方资本主义国家利用网络及各种不同新媒体实行文化侵略及意识形态渗透，对自身价值观及文化理念进行宣传。我国在改革开放以来，经济及综合国力均得到快速发展，一些西方资本主义国家便开始对我国进行恶意攻击，发表各种对我国不利的言论，恶意批判及否定中国文化，企图削弱我国民族自信心及向心力。另外，在当前对外文化交流背景下，文化生活及价值观念均表现出多元化形态，导致我国公民道德体系及价值信仰出现错位及混乱，这些错误价值观念的存在在很大程度上使传统伦理情感基础削弱，对传统文化也会造成影响，从而使人们的文化自信受到不良影响。

（三）过度追求物质文明

在当前社会经济多元化及政治多元化大形势下，由于我国在精神文明建

设方面相对比较落后，并且受西方不良价值观念影响，从而导致文化认同危机感产生。

在当前社会形势下，在相关通信工具及移动互联网影响下，在价值观念传承及取舍中经济主体必然会有矛盾及冲突出现，在这种情况下，传统文化传承也就受到影响，人们对于传统文化的认知也会受到影响，导致人们文化自信降低。

三、发展传统文化，拓展文化自信路径

（一）提升大众对传统文化的重视，创新其发展模式

树立文化自信，必须进一步推动中国传统文化的创造性转化和创新性发展。一个民族要树立起坚定的文化自信，我们必须按照党的十九大报告所指，推动中华优秀文化创造性转化和创新性发展，使它必须能够融合到新时代中国特色社会主义的先进文化精神之中，融合到社会主义核心价值观之中，为生活在全球化时代和社会主义市场经济条件下的中国民众构筑健康的精神世界和伦理价值世界。为此，我们必须在多维度提升大众对传统文化的认知度，创新传统文化发展模式，为建立文化自信提供强大的动力支撑。在文化产业方面，要立足社会和市场需求变化，充分挖掘出文化资源的经济功能，不断增强文化产业的市场自觉，加快推进文化产业和文化事业的发展。

在文化教育方面，中国人文化自信的养成主要是在学生时期。传统文化在小学、中学和高等教育教学中都应占据相当的分量，可以开展形式多样的课外活动，家庭教育作为国民核心素养教育的重要基点，良好的家风有利于提升国民的美德教育，应积极倡导“尊老爱幼”“团结邻里”“勤俭持家”等传统家庭美德。在文化研究方面，在对中华文化资源进行系统深入的梳理和总结基础上，要不断深化对中国传统文化的学术研究。加强传统文化研究基地建设，筹办高质量的文化研究论坛，不断加强对中国传统文化的研究阐释工作，形成具有中国特色的学术体系。此外，还应培育起文化研究的全球视野，搭建国际交流和合作平台，加强国际性的合作研究，不断拓宽研究视角，丰富研究层次。

（二）扩大传统文化的世界影响力

当今世界早已超越了“百里而异习，千里而殊俗”的时代，世界文明愈加包容、联系更加紧密。从历史来看，中华文化并不是也并不能停留在自我封闭的环境下发展，故步自封只能带来落后和贫穷，而越是包容和开放的文化越具有强大的生命力。当前，全球化迅猛推进，各国间的相互交流日益频繁、深入，如果刚愎自用只会带来文化的故步自封。因此，我们需要对自身文化价值的明确肯定和认同。

（三）清晰优秀的传统文化定位，继承和弘扬中华优秀传统文化

文化自信对我国建设与发展具有非常重要的作用。时代的进步与发展要求继承和弘扬我国优秀传统文化。首先，应清晰定位其概念与内容。优秀的传统文化，顾名思义就是具有一定文化价值和影响力且能够被一直推崇、学习和传播的文化。在对其内容进行定位和传承时，需要注意将历史性和时代性相结合，选择能够为大众所接受的内容，增强民众的认同感，促使其能够将优秀的传统文化运用在实际的生活中。其次，还应将社会主义核心价值观通过优秀传统文化表现出来，加大对好人好事、名人事迹等具有正能量的社会实践的传播力度，以增强我国人民群众对文化的自信与社会的凝聚力。在现代化社会的发展过程中，我国传统文化也面临着传承的危机，一些人对传统文化的价值持有怀疑态度，为了增强我国人民群众对优秀传统文化的自信，就要主动承担起传承的责任。

首先，应积极建立文化自信。在信息社会的影响下，我国传统文化面临着重大的冲击，应将传统文化中积极的部分挖掘并传承下去，如民贵君轻的价值取向、自强不息的进取思想等，不断恢复人民群众对优秀传统文化的自信。其次，还应敢于扬弃，对传统文化中不符合现代化发展的内容敢于摒弃，以增强文化自信的活力。

（四）构建完善传统文化教育体系

中国传统文化包含的内容比较多，并且思想内涵比较深刻，在传承及弘扬优秀传统文化方面，需要实行系统、专业的科学教育设计，在优秀传统文化教育方面构建完善体系。

1. 在实际教育中应当保证包含教育层

在实际教育过程中，应当依据传统文化难易程度，选择适当教育教学内容，使教师能够更好地进行学习并接受，从而将这些传统文化融入自身日常工作中，在此基础上包含各个教育阶段的完善的传统文化教育体系真正形成。另外，对传统文化教育方面，应当积极探索终身教育理念，构建学校教育及社会教育相结合的优秀传统文化教育机制，使传统文化真正融入教师实际工作及生活中。在此基础上，使教师能够认识到优秀传统文化的重要性及意义，使其更加积极学习并掌握传统文化，随着时间的增长形成文化自信。

2. 加强师资队伍建设

对于传统文化教育人而言，应当具有较高专业素养，对于传统文化中相关字形句意应当真正理解，对于传统文化中思想精华应当真正把握，在此基础上才能够使教育人员更好地开展传统文化教育，能够对传统文化加强认识及了解，从而使其文化自信得以增强。

3. 构建科学合理课程体系

在传统文化教育方面，应当对教材及课程创新积极探索，使传统文化教材及课程媒介作用得以充分发挥，将优秀传统文化更好地向学生呈现，使学生能够在较好氛围中学习传统文化及体验传统文化，认识到传统文化的魅力，增强文化自信。

（五）积极探索新型传统文化传播方式

1. 应当大胆进行创新及创意

在传统文化创意方面，不必只局限于原本形式及常用表现手法，应当积极探索创新表达思路，使学生能够对传统文化产生新的兴趣。然而，在实行创新创意方面，应当注意的一点就是不可将传统文化的真正内涵刻意改变，而是应当通过新型表现形式表达传统文化的深刻思想内涵，从而使传统文化与现代因素实现结合，有利于学生更好地了解传统文化、体会传统文化，这对增强其文化自信十分有利。

2. 合理应用现代化传播手段

就当前实际情况而言，在弘扬传统文化方面十分重要的影响因素就是传播手段及传播力度，国家方面，政策制定上保护传统文化，在活动开展时提供政策依据；社会方面，宣传传统文化，构建和谐社会，为活动开展提供舆论依据；家庭方面，保护尊老爱幼传统，培养和践行社会主义核心价值观。还有重要的一点就是应当应用现代化传播方式及手段，在当前传播文化方面，可对互联网传播方式进行利用，可使文化传播效率及力度增强，实现传统文化更好的教育，为增强文化自信奠定基础。

中华优秀传统文化具有丰富的文化价值和精神内涵，对推动我国现代化建设的进一步发展具有巨大的影响和作用。发挥我国优秀传统文化的作用，需要每一位国人都树立坚定不移的文化自信，增强对我国传统文化的认知与认同，并在实际的学习、工作和生活中积极传播和弘扬，在引导我们自身言行的同时不断增强我国优秀传统文化的社会影响力，从而逐渐提高我国的文化实力和国际地位。总之，我们要逐步建立完善自身传统文化的发展体系，将其深深融入文化自信的建设中，不断推进社会主义文化大发展大繁荣，不断推进实现伟大民族复兴的中国梦向前。文化是一个国家和民族精神的延续，而优秀的传统文化更是一个国家和民族文化与精神层面的集中表达，具有深远的意义。在我国历史发展的长河中，形成了许多优秀的传统文化，它们是我国珍贵的文化宝藏。而中华优秀传统文化的传承离不开文化自信，以及对文化价值的高度认同和践行。弘扬中华优秀传统文化是实现文化自信、实现中华民族伟大复兴的重中之重，中华优秀传统文化具有生生不息的生命力与创造性，是我国发展进步的内在动力。它可以帮助我们营造和谐有序的文化氛围，建设社会主义文化强国，传承发展民族精神，凝聚中华民族力量，应对众媒时代多元文化冲击为意识形态构建带来的种种挑战，向全世界展示一个有内涵、有活力的东方文明大国。

四、基于传统文化构建文化自信精神的路径

文化自信是指在马克思主义的指导下，充分借鉴优秀文化资源基础上的文化自信。其中，中国传统文化以其对中华儿女的深刻影响，成为提升文化自信的重要精神支撑与文化保证。我们应当重视这部分文化瑰宝，把握传统文化的时代性、民族性、包容性，重拾对我国文化的自信心与自豪感。

（一）与时偕行，彰显传统文化的时代性

世界历史上曾存在多种古代文化，其中只有中华文化历尽风雨未曾断绝。究其原因，就是中华文化所独有的自我革新性赋予了自身发展的源源动力，能够在历史的涤荡中历久弥新，越发强劲。为了保持这种唯一延续性，我们必须积极扬弃，革故鼎新，实现传统文化的创造性转化与创新性发展。

首先，必须正本清源，去粗取精。随着社会形态的更迭与物质生产的不断进步，中国传统文化不可避免地存在陈旧落后的成分。正如马克思所说“一切已死的先辈们的传统，像梦魇一样纠缠着活人的头脑”，这些过时的、落后的“糟粕”就成为我们提升文化自信的阻力，我们必须坚决对此加以扬弃。切不可有民族本位主义思想，对传统文化全然吸收，保守地固执地认为老祖宗留下的东西都是好的。而传统文化中所包含的合理内核我们要大力弘扬，对此我们要古为今用，且不断赋予其新的时代内涵。

其次，与时俱进，实现传统文化的创造性转化和创新性发展。儒家思想中的“苟日新，日日新，又日新”一语道破了创新的重要性，对于传统文化来讲，创新更是永葆生机活力的关键所在。回顾历史，中华文化的发展进程正是一个文化创新的光辉典范。从古代春秋战国时期的百家争鸣到现代领导人在治国理政过程中对传统文化的智慧运用，都使中国传统文化不断与时俱进，实现了中华传统文化精华的创造性转化与创新性发展，为我国文化自信更添底气。

（二）薪火相传，把握传统文化的民族性

文化自信，实际上就是指强大的民族向心力和高度的文化认同感。中国精神作为中华民族之魂，是文化自信强有力的精神支撑。我们应该弘扬民族精神，凝聚民族力量，激发中华儿女的文化自信心，使其成为提高文化软实力和建设文化强国的精神动力。

首先，我们要正确把握传统文化多样性与一元性的关系。我国是多民族国家，每个民族都形成了各具特色的民族文化。这些民族文化似花朵般绽放在我国广袤的土地上，都是我国文化宝库不可或缺的瑰宝。他们都起源于黄河流域的文明和长江流域的文明，具有一致的文化向心力和文化认同感。我们保护各民族文化的多样性，也要坚定文化一元性，民族精神就是文化一元

性的直接表征。我们要坚定中华民族实现文化自信的理想信念，让中国传统文化以其独特的中国特色、中国风格、中国气派屹立于世界文化的潮头。

其次，我们要正确把握传统文化本土性与世界性的关系。从世界历史发展的一般规律来看，每一种文化想要实现自身的长足发展，必然是在抵御异质文化的同时，汲取了外来文化营养的。故步自封地守住自己仅有的文化遗产，就像没有源头的泉水，最终会因为缺少新鲜血液而消失殆尽。纵观中华传统文化的发展脉络，我国就是在不断吸收外来文化精华的过程中，洋为中用，自我革新，使传统文化绵延至今未曾断绝且生命力越发旺盛。

（三）兼收并蓄，发挥传统文化的包容性

我国传统文化能在众多民族文化中脱颖而出，历久弥新的原因，还在于其强大的包容性。对自身文化各个流派的融合，对其他民族一切优秀文明成果的借鉴，使我国的传统文化获得了跨越式发展，为我国文化自信奠定了良好基础。

首先，从内在文化来讲，中国传统文化是以儒家文化为主流、以汉族文化为主体、以黄河和长江流域为核心，并与其他派别、其他民族、其他区域的文化加以融合而形成的。从时间域上来说，中国传统文化经历了春秋战国时期的百家争鸣、汉朝时期的经学兴盛、魏晋南北朝时期的玄学鼎盛、隋唐时期的儒释道三派鼎立、宋明时期的理学发展，传统文化在各派争相交锋、各抒己见的过程中取长补短、互通有无，最终形成了以儒家思想为核心，其他派别和谐发展的局面。儒家文化也在各派文化的竞争中，不断吸收其他文化的合理成分，实现了自身发展，为我国文化自信提供了丰富的文化资源。

其次，从异质文化来讲，中华传统文化始终以其广阔的包容性和极大的开放性，秉持“他山之石，可以攻玉”的原则，不断吸收外来文明的优秀成果。以古代丝绸之路为例，在此期间，中国的四大发明传到遥远的邻国，扩大了中国传统文化的影响力，与此同时，周边国家和地区的文学、艺术、建筑、农业种植技术都对中国传统文化的形成产生了巨大作用。当今，我国国家领导人以极具战略性的眼光提出了“丝绸之路经济带”和“21世纪海上丝绸之路”的伟大创想，又为我国向沿线国家展现大国风貌提供了良好机遇，我们应把握好历史机遇，坚定文化自信，在与其他国家进行经济政治交流的同时，展现我国博大精深的文化底蕴，提高我国文化的国际影响力。

需要指出的是，我们强调文化自信，展现的是我们对本民族文化的一种积极良好的心态，体现的是对自身文化的认同。只看到西方文化的先进，全盘否定本民族文化，就成了文化激进主义；一味盲目排外，妄自尊大，就成了文化保守主义。这两种文化心理都是不可取的。当前，我们有丰富的文化资源作为文化依托，又有坚实的经济基础作为物质保障，更有强大的军事实力保驾护航，我们完全有理由、有底气对本民族文化报以坚定的自信心和自豪感，与此同时，也要紧跟世界的步伐，打造具有中国特色、中国风格、中国气派的民族文化，实现中华文化的伟大复兴。

五、传统文化建立文化自信的思想来源——以儒家思想传承发展为例

文化自信是一个国家、一个民族发展中最基本、最深沉、最持久的力量。回望历史，两千多年来能够独领风骚的唯有倡导积极入世的儒家思想。那我们就来详细论述一下儒家思想的发展历程。

儒家思想创立于春秋时期的孔子，其思想体系的核心是“仁”和“礼”；提倡“为政以德”、爱惜民力、以德教化；在教育上主张“有教无类”、“因材施教”、学思结合、独立思考、“当仁不让于师”；从哲学角度主张敬鬼神而远之。孔子是春秋时期思想家、政治家、教育家，被推崇为“圣人”，但在当时诸侯争霸的社会大变革、大动荡的时代，孔子的思想并未受到重视。

战国时期是儒家思想丰富和发展的时期，代表人物有孟子和荀子。孟子主张“仁政”学说和“民贵君轻”的民本思想；主张“人性本善”；倡导“养浩然之气”，强调先义后利，舍生取义；要有“贫贱不能移，威武不能屈”的人格精神。孟子是儒家学派的奠基人，被尊为“亚圣”，对中国传统文化产生深远影响，对约束暴政、缓和阶级矛盾发挥重要作用；“重义”对今天的精神文明仍有重要现实意义。《孟子》一书唐以后被当作儒家经典，南宋朱熹将其列为四书之一。荀子主张天行有常；制天命而用之；性恶论；礼法并施；君舟民水。作为战国时期百家思想的集大成者，荀子的学说对中

国哲学有深远影响。儒学倡导的主张无助与春秋战国时期的统一，不能适应新兴地主阶级统治，故不受重视，被冷落。

儒学的低潮出现在秦朝的焚书坑儒。秦朝的儒生以古非今，站在专制主义中央集权的对立面，故遭到压制。

西汉汉武帝采纳董仲舒改造的新儒学，用思想的统一巩固政治的统一，使儒学成为主流思想。董仲舒主张大一统，罢黜百家，独尊儒术；天人感应，君权神授；发挥儒家仁政的思想；以德为主，以刑辅德；三纲五常。新儒学成为西汉各级学校的必修课和朝廷选官的考察标准，上升为封建正统思想，但同时它也是一种文化专制，遏制了学术自由和文化交流，阻碍科技进步，造成中国落后。

魏晋南北朝至唐朝，由于社会的动荡不安和人生的苦难造成人们对宗教的渴求，出现儒道佛三教并立，三教在彼此反复辩驳中相互吸纳渗透，儒学的发展出现危机。

宋明时期，儒道佛三教合一，融合为理学，代表人物有程朱理学和陆王心学。北宋的“二程”和南宋的朱熹主张理是世界的本源；格物致知；存天理，灭人欲。南宋的陆九渊主张心是天地万物的渊源；发明本心。明朝的王阳明主张人心是世界万物的本源，思想核心是致良知，即只要克服私欲，回复良知就能成为圣贤，还主张知行合一。宋明理学对后世的政治、文化、社会教化产生深远影响。它用三纲五常维系专制统治，压抑人的自然欲求。同时，理学还重视主观意志力量，注重气节、品德，讲求自我节制、发奋立志，人的社会责任感和历史使命，对塑造中华民族的性格起到积极作用。

明清之际，随着商品经济发展、资本主义萌芽出现；市民工商阶层队伍壮大；封建专制加强；思想上因循守旧；西学东渐等现象出现；对儒家思想的批判继承和发展。这时期的代表人物有明末的李贽、明末清初的黄宗羲、顾炎武、王夫之。李贽主张鞭挞程朱理学，否定孔孟学说是万世之论，人人有权做出自己的判断；提倡自然之性，要求个性解放；提倡男女平等；万物皆生于两。明末清初的三大思想家主张思想上经世致用；经济上工商皆本；政治上批判君主专制的同时限制君权，实行法治。明清之际的思想批判为儒学发展注入了新的活力，强烈冲击了君主专制统治，具有解放思想的历史进步性。

在19世纪五六十年代开始的洋务运动中，继续维护封建制度和纲常礼教。19世纪末的维新思潮中，资产阶级力量软弱，封建势力强大，为减少变法阻力，把西学中的政治学说和儒家经史相结合，使儒家思想影响深远。1915年的新文化提出“打倒孔家店”，全盘否定儒家思想。

儒家强调的教育教学思想，对我国当代教育事业的发展和人才培养有积极作用；提倡的道德伦理观有助于构建和谐的人际关系，促进当代社会精神文明建设。儒家强调的“正身自省”“修己安人”，加强道德修养，有助于社会主义市场经济健康、正常、有序地进行；儒家提倡的“仁”“德治”“民本”维护了社会稳定，促进了经济发展；儒家主张的“大一统”思想有利于巩固国家统一和社会安定。

儒家思想历史悠久，内涵丰富，博大精深，是中华民族的价值导向，让我们感悟儒家文化，重拾文化自信。

第二章 2

传统文化理念在小学教育的渗透

在小学教育教学中，传统文化理念可根据实际情况渗透，一方面实现传统文化的传承与发展，另一方面则让传统文化智慧润盈小学教育。

第一节　因材施教

“因材施教”中的“材”一般在教育界是指学生，“教”是指教育方法或者手段。“因材施教”是一种科学的教育方法。作为教学对象的学生，年龄各有不同，智力也有差异，志趣、性格、爱好千差万别，主观努力也不一样，因而在德、智、体诸多方面的发展也不平衡，这是客观存在的。因材施教，与现代教育中的个性化教育理念是深度契合的。

一、因材施教的理解

在汉英词典中，“因材施教”一词的解释是这样的：“to teach students in accordance with their aptitude”。而在中国，“因材施教”一词源于宋代朱熹在《论语》中的注解：“孔子教人，各因其材。”这八个字其实讲的是这样一则小故事：有一次，孔子讲完课，回到自己的书房，学生公西华给他端上一杯水。这时，子路匆匆走进来，大声向老师讨教：“先生，如果我听到一种正确的主张，可以立刻去做吗？”孔子看了子路一眼，慢条斯理地说：“总要问一下父亲和兄长吧，怎么能听到就去做呢？”子路刚出去，另一个学生冉有悄悄走到孔子面前，恭敬地问：“先生，我要是听到正确的主张应该立刻去做吗？”孔子马上回答：“对，应该立刻实行。”冉有走后，公西华奇怪地问：“先生，一样的问题，你的回答怎么相反呢？”孔子笑了笑说：“冉有性格谦逊，办事犹豫不决，所以我鼓励他临事果断。但子路逞强好胜，办事不周全，所以我就劝他遇事多听取别人的意见，三思而行。”

从这则故事中我们不难发现孔子的高明和睿智之处，他对自己的学生了解得很透彻，能够说出学生的性格特点和智力水平，并且针对不同的特点，用不同的方法进行教育，把学生培养成各种不同的人才。因此，在教学中，教师应该从学生的实际水平出发，这样才能使教学的深度、广度和进度都适合学生的知识水平和接受能力，同时也应考虑和关注学生的个性特点和个性差异，使每个人的才能品行都得到发展。

二、因材施教的策略

（一）实施平等的民主教学

民主教学并不是新生事物，虽然被经常提及，但它没有真正地在教学过程中生根发芽，在现实中往往是流于形式，有名无实。而我的理解就是：树立平等的学生观、教育观。在班级教学工作中，对“优等生”和“后进生”应一视同仁，不能厌恶、歧视后进生。其实，在班级的教学工作中，学生不仅仅是被教学者，同时也是教学者，具有双重身份。要实现真正的民主教学，必须充分体现以学生为本的主体思想，营造一个和谐的学习环境，让学生树立主人翁意识，让学生积极参与老师的教与学，充分发掘他们的潜能，这才是提高学生学习的根本保证。高效益的学习，有赖于大家的相互尊重、共同参与、团结协作。所以作为老师应转变“分优劣”的思想，应对他们晓之以理、动之以情，用一颗真诚的爱心去感化他们，把平等的思想倾注到他们身上，使他们真切地体会到自己在老师的心目中和“优等生”一样，有着十分重要的位置。

每一个后进生都有一些缺点，但他们并不是一无是处。老师应该看到他们的进步和优点，哪怕一丁点儿，也要不失时机地予以表扬和鼓励，让后进生得到积极的情绪体验，感受成功的愉悦。久而久之，就能逐渐消除后进生的自卑心理，增强他们的自信心，自然地进入“我也是好学生”的角色。不断完善工作目标和任务，从而取得最大认同和理解，这是畅通教学渠道、保证目标实现的重要前提。学生如果不再只是被动服从，而是主动适应，学习才会有质的飞跃。

一次单元考试，语文教师故意多复习了几次考试卷子上的题。结果，他们的考试成绩大多数都是A等级。课下，学生们高兴地说：“原来语文真的这么好学。”“那个老师还真的帮我们把成绩提上去了。”考试结束后，语文老师也在班上表扬了学生们，这次的“表扬”使他们体验到了成功的愉悦。

自此以后，在语文老师的督促和鼓励下，他们的学习更积极了。多次对其他老师说“语文是我们最喜欢上的课”。

（二）追求“人本”的教学

促进人的全面发展是新课程倡导的理念。基于此点，关注学生的成长，立足于发现人、培养人，促进因材施教。老师教育学生的最大价值，不在于做了什么事，而在于发现了多少人和培养了多少人。

反思我们的教学实践，凸显的是学生的成绩价值，即把学生当作完成学校给予教学任务、全校评比目标的工具，没有全面地关注学生的需要、成长和发展，忽视了对特殊人才学生的发现和培养。这无异于掠杀，因为学生是学校持续发展的力量源泉。研究表明，教学的本质目标只有一个，就是培养每一个人，这也是因材施教的本质。只有这样，教育的工作能力才会与日俱增，社会的整体实力才能不断攀升。

（三）营造浓厚的学习氛围

学校是培养人、教育人、促进人不断发展的文化场所。而把它划分到班，它应该追求一种学习氛围，体现一种特有的学习气氛，当每个学生都喜欢这个班集体，愿意在这个集体中学习的时候，这个班就能达到时时引导人、塑造人、实现自我超越的教育目的，进一步地推动教学的开展。营造浓厚的学习氛围应当建立学习型组织以及老师的适时引导。当然，这里的适时引导可以变成学生对老师的崇拜、喜欢，当所有学生都喜欢你、欢迎你来上课的时候，那么学生对你所教的学科将投入更大的热情，那时学生被动的学习将变成主动学习。

重视每个学生是为了把因材施教做得更好，所以在重视学生学习的过程中要善于发现每个学生的长处，并加以表扬。少一些批评，多一些赏识；少一些训斥，多一些关怀。让学生获得被认同感，本着促进人、发展人的根本宗旨，使每个学生绽放不一样的光彩。

三、教师实施因材施教的路径

（一）分析学生

首先，在平时的教学中，我们不难发现，学生的能力有大有小，基本上呈常态分布：两头小，中间大；能力的充分发挥也有早有晚，有人早熟也有人大器晚成；能力的结构上也有差异，有的长于想象，有的长于记忆；等等。因此，教师首先应因学生能力的个别差异而教。

其次，应多用心关注学生，观察他们的行为，并监控他们的发展过程且适时纠偏。因为学生的行为是记忆力、兴趣和爱好、反响速度、模仿能力、耐力五种行为特征的综合反映，任何一种行为的偏差都会对一个学生的成长产生影响，所以老师必须关注学生在各个方面的表现。

最后，作为老师，应该了解“鼓励和强制”这两种手段中哪个才是使学生“乐知”的法宝。因为有的学生天赋反叛心理，强制的方法只能逼迫他向相反的方向走，但这类是少数，大多数人是需要鼓励和强制一并实施起作用的，即使是被逼迫着进入了知识的殿堂，他日后终究会尝到知识的美味，待那时自然水到渠成地成为“乐之者”了。

（二）备好教材

作为教师，应当全面了解和掌握教学内容，从知识结构的整体出发，进一步明确所要教学的内容在整个知识体系中的地位及作用。这就要求教师首先必须做到把宏观教材与微观教材统一起来，而不能孤立地、割裂地看待任何一部分知识。而备课，就是要钻研教材，挖掘其内在的思想、意义，正确把握文本的工具性和人文性，并恰当地设置教学目标。更重要的是了解学生，依据上、中、下各层次学生的知识能力、个性特长确定知识传授、能力培养和学法指导诸方面的教学目标和重难点，努力做到群体目标和个体目标的有机结合。也就是说，我们不仅要对教材有一个整体的、正确的把握，还要对学生的现状有准确的把握，设置的目标不仅要难易适中，还要有切实可行的可操作性。

其次，教学策略要有效。可以在课堂上设置很多环节，运用不同的教学手段，以此来适应不同学生的爱好，激发他们的学习兴趣和上课热情。有研究表明，当教师的教学风格与学生的学习风格相匹配时，有利于提高学习成绩。比如，对于喜好图像表征的学生，可运用图式来讲解概念；对于好动并乐于表现的学生，可以设置一些讨论的环节。但无论是哪一种教学环节，都应该具备一个明确的训练点，以及一个要达到的具体目标，要知道这个环节是为何而设。所以，每一节课，教师一定要结合目标抓住一个切入点，由这个切入点结合学生的特性，展开具体的学习，这样，既能使课堂简洁，也能使课堂更有效。

（三）作业和测试

作业和测试是老师巩固教学知识、了解教学效果的有效手段之一。老师适时布置作业，并及时批改，便可发现问题并及时纠错。如果老师布置作业和批改作业与学生完成作业的时空不对称，错误得不到及时纠正，学生很容易摆脱老师的监控。另外，对于不同层次的学生，教师要有针对性地布置作业。成绩优秀的尖子生，可以只给他们留一点导向性的作业；成绩中等的普通生，可以根据他们学科成绩的特点有针对性地多留弱科上的作业；成绩差的后进生，所做作业要体现最基本的知识，从而使每类学生都可以根据自己的能力选择作业来做。作业练习是巩固知识、形成技能、迁移学法的重要教学环节，应充分体现因材施教的原则。作业内容与教学目标相吻合，与教学内容相一致，难易有别，呈阶梯式，可分为必做题、选做题和深化题，符合各层次学生的知识基础和接受能力。

而测试的命题要面向全体，考核知识和考核能力的试题比例要相宜，既要有相当部分适合中下程度学生作答的基本题，又要有一定比例的难度较大的附加题拉开距离，可分必做题和选做题，也可分A、B卷，要使优等生得高分有难度，后进生得高分有可能，以便从多方面调动和保护学生的学习积极性。

需要指出的是，因材施教并非要（也不可能）减少学生的差异。实际上在有效的因材施教策略影响下，学生学习水平的发展差异可能会更大，因为能否更充分地得益于受教育条件，这本身就是潜能高低的一个表现。在较适宜的学习条件下，潜能低者能够开发出潜能，潜能高者会发展得更快。教师对于不同水平的学生应设计不同的发展蓝图，这样才能有意识地进行培养。但最为重要的是，作为教师，应彻底消除偏见，切不可厚此薄彼。因为因材施教的精神就是有教无类，人人都应得到公平的教育。

四、因材施教需要注意的问题

在教学中，要针对不同的对象，采取不同的教学方法，有针对性地开展教学工作。坚持“因材施教”这一教学方法，当前必须防止和克服以下几种不良倾向。

第一，注意、防止和克服把力量全部用在“尖子”学生身上，而放弃或忽略对大多数学生的培养倾向。根据目前教育领域的情况，时下个别学校受“应试教育”的影响，单纯追求升学率，搞什么“尖子班”，把好的教师全部集中到“尖子班”，而把所谓的“差学生”和水平较低的教师都集中在一块。更有甚者，有的学校在班内搞名次，论分排辈、排名次，把“好学生”集中在好的位置，把“差生”放在孬位置，等等。这些手段都是对“因材施教”的误解。培养“尖子生”、培养科技拔尖人才，仅仅是“因材施教”的一部分，它没有也不可能涵盖“因材施教”的全部内容。“因材施教”的出发点和归宿，是所有的学生都能在各自的基础上得到提高和发展。

第二，注意防止和克服在所谓“因材施教”的幌子下，自觉不自觉地，或有意无意地为学生划分等级的倾向。持有这种倾向的人，对好的学生是笑脸相迎，体贴入微，关怀备至，而对较差的学生则是冷眼相持，嫌弃厌恶，这种做法显然是错误的。“因材施教”的科学教育法，其实是对不同的学生采取不同的教育方法。无论是“好学生”还是“差学生”，在学校还是在教师的心目中，所占的位置都应是平衡的，教师对每个学生都应一视同仁、平等对待。相反更应与“差学生”交朋友，平等地对待他们。一分为二地看待他们，理解、启发他们，用爱心感化他们。要知道，无论是少数优等生，还是暂时处于落后状态的学生，都是祖国的未来，都是我们的接班人。我们应当对他们一视同仁，应当对他们施以科学的教学方法，使他们在各自的基础上得到充分发展，让他们在实现共产主义的宏伟事业中奉献青春和才华。

第二节　有教无类

有教无类是指教育应该不分阶层，让每个人都享有受教育的机会，在孔子那个时代是很先进的教育思想，同时也与现代教育中的教育公平化理念深度契合。

一、孔子“有教无类”教育思想的提出及含义

西周末年，社会动荡不安，战乱频繁的周王朝时代。孔子在教育上依然只能局限于“学在官府，民间无学”的传统办学理念和形式。所谓“学在官府”，就是贵族的子弟有权直接接受当官的教育，也就是只有贵族的子弟才有直接当官的权利和资格。但孔子的每一个时期，政治经济和文化教育都在不断地改进和发展，社会底层的一些教育界专业人士也都因此受到了很大的社会影响，为他们发展这种私人的教育办学模式提供了良好发展机会。孔子正是准确抓住了这一大好机会，明确提出了“有教无类”的国民教育指导思想。

“有教无类”是孔子教育的办学理念和方针，它明确地规定了孔子办私学的主要教育对象，是孔子教育的哲学理论实践、孔子教育的科学理论的重要基础和组成部分。有教无类的本意是在教育的对象上，无分贵族与平民，不分国界与华夷，只要有心向学，都可以入学受教。他把教育的对象由华夏和贵族诸侯下移于平民，扩大了中国教育的经济社会和文化基础，开发了中国人才的主要教育来源。孔子变西周的私学有教有类为东周的有教无类，这在中国的教育科学发展史上具有划时代的重要意义。

二、“有教无类”教育思想的内容及方式

教育也得有其选择性。就算是同一个群体，教育也一定得有其选择性。孔子对于弟子的解释和教育，就算问的是同一个群体的问题，往往也会有不同的解释和答案。比如孔子对“仁”的解释，给冉有和子路的解释是不一样的，因为这两个人的性格不一样，孔子期待的人生成长道路方向也不一样。

“有教无类”的代表意思就是普遍的教育，没有特殊的类别。这也就是孔子对待无差别教育的态度，提倡学生享受到无差别教育的普遍平等权利。但是很多的人把这一句理解成无差别的教育——让每个人都接受同样的无差别教育。我们可以纵观孔子的无差别教育的思想，如因材施教，比如“中人以上，可以语上也，中人以下，不可以语上也”。“不愤不启，不悱不发。举一隅不以三隅反，则不复也。”我们不难发现，仅仅是这种没有特殊类别的理解教育方式是孔子所欠缺的。

受教育权利，人人平等，可以“有教无类”。这仅仅是就受教育的权利和受教育这件事而言的。不同的人都可以得到教育，但，在哪里受教育，受什么样的教育，则不在这一条“有教无类”的范围内。因为特殊原因，有些人不应该受教育，或者不应该接受某种教育。

三、“有教无类”教育思想在内容上凸显人格教育

孔子提出从孝悌入手，先立人为德之本，再“志于道，据于德，依于仁，游于艺”，努力使学生达到仁的基本道德标准。其次就是对知识和技能的教育，以《诗经》《礼经》等典籍作为主要的教材，培养各种优秀的政治、经济、文化人才，这也被认为是孔子健全人格的一个具体表现。孔子特别强调对学生的道德教育、道德的培养和社会性道德的实践，可以准确地说，这个特点是古代儒家思想的一个基本特点，甚至也可以说这是一个思想的本质。

孔子出生于春秋末期，这一时期最值得重视的两个核心道德价值观应该是忠和信，这两个古文字的意思代表了我国春秋时代这个典型的宗法封建社会对于人们的基本道德要求。孔子讲：“十室之邑，必有忠信如丘者焉，不

如丘之好学也。”这句古文的基本意思就是，即使在一个只有十户人家的小小地方，也一定能够找到像我这样讲忠信的那个人，但一定永远也找不到像我这么好学的那个人。孔子的这个意思即是说，在当时的社会，能够像我这样拥有忠信这种美德的那个人并不少见，而好学的那个人非常罕见。当然，在孔子的道德思想体系中，最高的一种美德品质就是“仁”。一个人与社会中的人固然也有很大的差别，有聪明有愚笨，有快有慢有善恶，但我们进行道德教育的最终目的就是要去维护和实现每个教师和学生的心理健康，门门成绩优秀均衡发展的要求。可见我们现在的教育就是要达到有教无类的目的，我们践行的就是有教无类的理念。所谓的差异化、发展特长都是建立在均衡发展的基础之上，否则就变成偏科生。

四、“有教无类”教育思想在当今社会的影响

在我国当今社会中，民主平等教育深入人心。而孔子的有教无类思想正是民主教育思想的源头，它犹如股股暖流浸润着教育，使人们的教育思想与观念悄悄地发生变化，可谓“润物细无声”。“有教无类”在现当代即提倡教育民主、教育平等，反对教育歧视，教育不公平。马克思曾提出：“儿童的教育平等是‘人类发展的正常条件’和每一个人类公民的‘真正利益’的一种教育平等性的含义。”联合国更是通过《世界人权宣言》首次把“儿童享受平等教育权”的含义确认出来作为一项基本的人权，规定不论是社会阶层、经济发展条件、父母的正常居住地，一切的儿童都可以享有平等，接受教育的平等权利。

孔子“有教无类”思想在我国现当代社会上的应用中，也许还有众多令人担忧的复杂问题。这些复杂的问题产生的根本原因是来自很多方面的，例如，国家对东西部教育观念和制度的不重视，对东西部的教育政策不同，在发展上还有很大的差距。

教育是学生未来发展和人格成长的基础。通过对孔子“有教无类”“因材施教”思想的研究，我们可以发现现今教育中存在的问题。对此，我们要呼吁社会推行教育改革和科学研究来解决这些问题。作为教育者，我们要克服各种困难和干扰，加深对教育的重要地位及其作用、教育在促进人类经济

社会发展进程中的作用及其重要性的认识。

通过研究制定合理的新型师生关系发展规划和政策，解决因社会经济、地域等不同而可能导致的学校教育不平等；通过研究建立和实现学校教育平等的新型师生关系，倡导平等、民主的新型师生关系。同时，针对当前产生学校教育不平等的根本原因，充分考虑学校教育平等对于教育的未来发展所提出的基本要求，制定一系列科学合理的教育政策，解决教育中可能会产生和导致不平等所产生的一些矛盾和问题。我们要继续弘扬孔子的“有教无类”思想，在我国构建和谐社会的历史大背景下努力实现新的“有教无类”教育理念。

五、教育工作者对“有教无类”的感悟

几年前，曾参观过仰慕许久的孔林、孔庙、孔府。

时值冬初，万木萧条，苍松翠柏掩映下的孔墓越发让人肃然起敬。那悄然耸立的青松，默默见证着岁月的沧桑。两千五百年，人类文明经历了多少血与火的洗礼，诞生，消亡，但“万世师表”孔子的思想精髓直到今天依然熠熠生辉。

默立于孔林之中，丝丝冷雨拉长了我无尽的思绪。让我感慨至深的是孔老先生“有教无类”的施教理念。孔子的“类”极为庞杂，包括阶级、贵贱、出身、职业、品行、性格等。而今天，我们在教学中谈的“类”，划分依据无非就是学生的成绩和品行，两相比较，此“类”是何等的单薄和苍白。其实，最让我敬佩和感动的是老教育家包容“众生”的博大胸襟、教化“众生”的高远理念。

工作中，我们有时会听到一些抱怨的声音，如费劲工作不见成效，于是慨叹英雄无用武之地。不费劲往往就有丰硕的回报，不劳神班级就会蒸蒸日上，并不时赢得同事、领导的肯定和喝彩，那确实是一个老师追求的心灵享受和满足。但不可否认，人是存在差别的，当我们面对的是一批不优秀甚至有些糟糕的学生，我们该如何施教？其实，早在两千多年前，伟大的教育家孔子就给后世教育工作者做出了绝妙的解答，提出了“有教无类”的教育主张，并躬亲实践，给出了很多成功的范例。

《史记》记载的子路，就今天而言，应是个典型的“差生”：“性鄙，好勇力，志伉直，冠雄鸡，佩豭豚，陵暴孔子。孔子设礼稍诱子路，子路后儒服委质，因门人请为弟子。”这个记载说的是：子路生性粗鄙，好逞强斗勇，志气刚强直率，曾经戴着公鸡的羽毛、佩着公猪的牙齿等示强之物侮辱过孔子。孔子就设礼乐，慢慢引导子路。子路终于穿着儒服，带着拜师的礼物，通过孔子的门人请求做孔子的学生。后来子路成为孔门弟子中七十二贤人之一。假如孔子因为子路性情顽劣、争强斗勇、大逆不道而放弃对他的教育，那么社会上就会多一个鄙人而少一个贤人，教育史上就少了一段“差生”转化和“浪子”回头的千古佳话。

不单一个子路，据《史记》记载，孔门诸弟子中很多人有性格上的毛病：曾参迟钝，高柴愚笨，仲由鲁莽，颛孙师偏激……孔子都根据他们的自身特点，充分挖掘个人潜力，让他们将自己的长处与闪光点发挥得淋漓尽致，而对他们的缺点和短处，孔子都会因势利导，以说教或以身作则的方式潜移默化地摒除。如果没有孔子的正确教育，也就没有我国教育史上孔门“弟子三千，贤人七二”的美谈。

孔子不仅提出“有教无类”的教育主张，并身体力行，为后世的教育者展示了一个施教的高度。“一花一世界，一叶一菩提”，每个人都有其自身的特点，教育者应尊重学生的个性差异，引导他们向善向美。教育的目的是提升人的综合素质，即雕琢人的习性，达到河润千里、泰山遍雨的作用。教育的方法是循循善诱、因材施教，不能用欣赏的眼光发掘学生的潜力，那就不是成功的教育。是小草就让它装饰大地，是参天大树就让它成为国家栋梁，我想，这才是成功的教育。

我认为“感动教育”是不错的教育模式，感动教育自实施以来，全体教职工坚守教育良知，本着“不放弃每个学生，让每个学生都得到适合自己的最好的发展”的办学宗旨，在扎实搞好常规教学的基础上，努力探索基于感动教育模式的教育教学改革，建立了适合感动教育的“立体化大德育体系”，启动了“规划人生，真诚关注三十年”育人工程。

感动教育，使电城镇中心小学师生关系空前融洽，学校整体育人能力和社会满意度得到了明显提高，感动教育也受到了上级教育主管部门的肯定。

很佩服一位同行的话：能把差生教好才算有真本事。是啊，差生需要感动，他们更需要老师的智慧、耐心和爱心，更能考验老师的真本事。我认为，成功的教育是“为了一切孩子”，是使强者更强、弱者增强，是对所有学生的思想引领和内心感动。

“有教无类”，当是每一位教育工作者的第一重境界。

“不放弃每一个学生”，是我们感动教育的重要内涵，也是“有教无类”的精髓所在。

《论语·卫灵公》，“子曰：‘有教无类。’”意思是指：不能因为贫富、贵贱、智愚、善恶等把一些人排除在教育对象之外，对谁都进行教育。人，原本是“有类”的。比如有的智，有的愚，有的孝顺，有的不孝，但通过教育，却可以消除这些差别，这就叫“有教则无类”，简称“有教无类”。

西周时期，政府设国学和乡学两类。国学又分大学和小学两级，而乡学则多称为庠、序、校、塾等。《礼记·王制》记载，“小学在公宫南之左，大学在郊，天子曰辟雍，诸侯曰泮宫”。西周前期，因战事频仍，学校教育以武事为主，而西周后期政权稳定，开始倾重文化教育。当时大学学习以礼、乐、射、书为主，而小学则多学六艺基础知识。此时的教育依然以贵族教育为主，平民是很难进入官办学校学习的。孔子主张有教无类，他创办私学，打破了只有贵族才能接受教育的先例，他不愧是大成至圣先师，我认为他的这一教育主张在今天仍然有十分重要的指导意义。

六、教育工作者的“有教无类”的实践

教育者不能总是把眼光放在几个优生身上，我们应该多发现多挖掘，不用异类的眼光看待不同的孩子，作为老师，我们有义务让每个孩子都拥有自信，拥有成功。“没有教不好的学生，只有不会教的老师。”这句话不是没有道理的，即使是问题十分顽固的学生没有转化过来，一定是因为我们还没有找到最合适的方法。

（一）善于发现学生的闪光点，是有教无类的支撑点

根雕常常以其精美的造型、独特的构思、巧妙的加工受人青睐，成为提

升家庭文化品位的首选。然而根雕的前身是什么？无非是生于荒野的树根。培根说："人的天性犹如野生的花草，知识好比是修剪移栽。"作为教育的对象——学生，都是活生生的可以造就的生命，我们要用艺术家的眼光对待，即使是荒野的树根，我们是否也能把它变成如根雕一样的艺术品呢？所以教育者应该拥有一种心态，应该帮助学生发现自己的闪光点，哪怕是成绩最差的，在某些方面也可能是金子，是可以造就的人才。

某班的黄同学由于学习基础没打好，学习很吃力，上课经常发呆，在学习上他自己也感到很自卑，每次打开书本就会抬头看着老师，从他的眼神里我读懂了他的彷徨，我多想尽自己最大的努力去帮助这个孩子树立自信，找到属于他自己的一片天空。于是，我开始仔细观察，发现这个孩子很善良、热心。因此，我总是让他在我身边帮助我做一些他力所能及的事情，他十分开心，开始十分重视我对他的看法和鼓励，班集体有事情需要帮忙的时候他总是第一个举手，上课他也慢慢地变得专注。因为他知道班主任希望他认真做好每一件事情，虽然他的作业还是有待改进的，但是对于他来说已经有了很大进步。他开始越来越自信了，觉得自己在老师心目中的位置是很重要的，班集体也很需要他。如果没有发现这个孩子的闪光点，他就不能树立自信，在班集体中他会消沉，慢慢对学校和老师同学都失去了热情；如果不善于发现他的闪光点，教育就不能做到有教无类。

（二）善于运用语言艺术，是实施有教无类的助推剂

如何更好地实行有教无类，需要我们细细琢磨、思考，尤其是一些在学习方面没有信心的学生，他们更加敏感，更容易推敲老师是否在看不起他，他们都在心里设防，防备他人攻击自己脆弱的自信心，即使有时候老师的出发点是善意的，但是在没有注意表达的情况下，他们也很可能会误解老师的好意，所以善于运用语言艺术尤其重要。在班集体中我更愿意看到学习成绩不太好的学生积极向上、乐观，虽然学习有困难，但是并不代表他们连人生态度都比别人差，所以我总是鼓励他们表现自己。然而，我又不想很突出地表现出我的这种想法，否则就达不到我想要的效果了。

所以，每次学校或年级、班级有活动或需要帮忙的时候，我从来没有直接点名，我总会说："请问有没有哪位（些）同学愿意为学校（年级、班集体）做一些事情？”这时候你会有意想不到的效果，几乎全班都举手了，这是在课堂的提问中你几乎看不到的情景，这时候，差生也有了表现的欲望，这是他们愿意并且能够做得很棒的事情，我们应该给这些孩子好好表现的机会，相信他们能做得很好，而结果也证明是这样的，久而久之，即使是成绩不太好的学生，他们都意识到自己在集体的地位，他们也能把一件事情做得很漂亮，这就是语言艺术的力量。

（三）善于牢记学生做过的好事，是实施有教无类的一支强心针

某班学生郭同学，因为晚自习说话我批评了他，他很不开心，与我对抗了一周，周四晚，我认为应该与他做一个了结，于是把他叫到走廊，他哭了，他认为自己也曾为班集体做过很多好事，而老师都忘记了他的好，只看到了他的错误，为了让他心服口服，我把他为班集体做过的好事一一说了出来，终于他服气了，承认了自己的错误，这个事情告诉我，要把学生的事情放在心上，以备不时之需，是帮助教师实施有教无类的一支强心针。

一颗图钉分为钉尖和钉帽两部分，若将二者分开，图钉便不好使，钉帽无用，钉尖也无用，只有二者不分离，才能发挥最大效益。于丹老师在2011学年《开学第一课》中曾经说过：“成绩不等同于成长。我们不应该把孩子的未来拴在红红的分数上，拴在厚厚的档案袋里，在这个过程中，他会遇到挫折、辛酸、成功、快乐，他的未来还有无数的可能。”这告诉我们教育要注意全面发展，只重视文化课，不重视体艺课；只重视学习成绩，忽视品德教育；只重视优等学生，忽略差等学生；只重视近期利益，忽视孩子的长远发展，都会使教育走入误区。林书豪之所以成为当下人们心中之星，是因为他毕业于名牌大学哈佛并且打得一手好球，明显他是既注重成绩，也注重成长的践行者。呼吁社会上每一个人都能够继承孔圣人有教无类的教育思想，给孩子一个公平、愉快的学习环境。

第三节　勤学好问

古人讲究“学而不思则罔，思而不学则殆”，实际上就是鼓励学生勤学好问，用心思考，从而实现个人的进步与发展。

一、在小学综合实践课上培养学生的问题意识

为了进一步提升小学综合实践课程的日常教学效率，逐步凸显小学综合实践教学活动的重要性与必要性，教师需要在日常教学活动中有意识、有目的地培养学生的问题意识以及探索意识，并且逐步引导学生充分意识到自身的学习问题。开展小学综合实践教学活动，要求学生认真学习相关理论知识，随后不断参与实践操作教学活动。教师也需要逐步培养学生动手操作能力以及自主学习能力，培养学生发现问题、观察问题、思考问题、解决问题、总结问题、感悟问题的意识与逻辑。结合小学综合实践日常教学活动的实际要求，进一步分析培养小学生问题意识的具体策略。

（一）发现问题，用心观察

在小学综合实践教学活动之中，教师首先需要引导学生充分融入日常生活与学习的具体环境之中。随后，教师需要在开展教学活动的过程中及时引导学生，认真发现日常生活中的特殊事物，鼓励学生认真思考，独立发现日常学习与生活中的各种问题，并且进行详细记录。小学生正处于身心健康发展的关键阶段，大多数小学生对于日常生活中的各类新鲜事物可以保持极强的探索兴趣以及探索欲望，教师可以结合学生的这一个性特点，引导学生主动发现日常生活中的各种问题。大多数小学生缺乏问题意识以及创新意识的主要原因在于，学生无法在日常生活中保留一颗善于发现新鲜事物的眼睛。大多

数学生仅仅在小学实践教学活动中学习各式各样的理论知识，并且主动参与相应的教学活动。

但是，仅仅学习课本以及教材之中的相关内容，并不能够完全激发起学生强烈的学习兴趣，也不能够充分培养学生多方面的学习能力以及学科素养，更不能够合理培养学生的问题意识以及自主探究意识。面对此种情况，教师也需要充分整合各类教学资源，在日常教学活动中，为学生提供更加全面化的教学内容，并且利用一部分课堂教学时间引导学生提出各类问题，随后由教师一一解答。

例如，教师在带领学生学习小学综合实践活动“美丽的树叶”这一单元相关理论知识的过程中，需要将理论教学内容与实验教学活动进行紧密融合与对接，融合学生日常生活中的所见所闻，丰富教学内容。一部分学生在刚刚接触自然界树叶的过程中，可能无法快速理解树叶的具体构造以及生长方式，无法完全理解树叶的类型。面对此种情况，教师则可以结合树叶的具体形状，向学生提出相关问题。在学生日常生活中，学生可以接触到大自然以及树木，小学生可以想象到树叶的具体形态以及主要结构。教师便可以将学生日常生活中的具体树叶引入实践操作环节中，鼓励学生结合树叶的实际形状、颜色，初步研究树叶的生长发育过程，随后为学生提供一些树叶图片，鼓励学生自主观察树叶形状。

（二）提出疑问，认真思考

学生在日常生活中要认真发现相关问题，随后需要由教师引导，积极鼓励学生针对某一具体学科知识点或者是相关问题提出疑问，学生可以结合问题的本质提出相关疑问，也可以结合问题的表面性质提出各种问题。在学生提出问题之后，教师需要积极鼓励学生开动脑筋，结合日常生活经验以及学科知识点，认真思考问题的本质与实际性质，逐步探索问题产生的主要原因以及根本原因，学生在自主思考的过程中，教师需要时刻观察学生的学习情况，并且适当予以相应鼓励与支持。如果学生在自主思考的环节中遇到了更加复杂的学习问题，教师也需要鼓励学生通过自主努力，结合小学综合实践课程教学活动中的具体理论知识，开展更加深层次的思考与研究活动。

例如，在“神奇的风帆”这一章节的具体教学环节中，一部分学生在初步理解风帆形状的前提下，便可以向教师提出各种问题。比如，一部分学生可能认为风帆属于一种动力设备，可以帮助船舶快速前进，也有一部分同学认为风帆仅仅具备装饰功能，美化船舶整体结构。不同学生的逻辑思维形式有所不同，因此学生所提出的问题也存在细节差异，教师则需要鼓励学生结合具体问题进行深入思考，随后为学生提供相关教学资料以及各种教学资源。在学生提出问题之后，教师则需要集中利用一部分课堂教学时间，引导学生进行深入思考，学生在思考的过程中也可以提出各种问题，随后由教师进行详细记录。学生在认真学习教材基础理论知识的过程中，便可以对风帆的实际使用形式以及使用技巧形成初步认识，在自主学习的环节中，学生们也可以解决一部分比较简单的学习问题。教师可以在课堂教学活动中集中利用5—10分钟时间，鼓励学生自主研究课本中各种基础类理论知识，随后观察风帆图片，结合风帆造型以及风帆的安装位置，思考风帆的实际作用。

（三）自主探究，合作交流

在学生发现问题、思考问题之后，教师则可以引导学生通过努力，逐步探索出问题的全新解决对策，并且结合相应问题，逐步理解问题产生的具体原因。在学生日常学习生活环节中，经常会面临各式各样的问题，培养学生问题意识尤为重要，教师也需要鼓励学生通过自主探究以及合作交流等形式，与其他同伴一起，共同商议问题的具体解决策略，并在此过程中，不断地培养学生的自主思考意识以及自我判断意识，鼓励学生将问题准确地表述出来，并且与本班级其他同学或者是同伴进行密切交谈，不断促进学生之间相互交换想法与建议。通过此种形式，不仅可以进一步活跃课堂教学气氛，也可以培养学生的合作意识以及创新意识，更重要的意义在于可以进一步培养学生团结协作意识以及问题探究意识。

例如，学生在日常生活中，获取零花钱，随后在花钱、攒钱的过程中，了解到零花钱的主要用途，结合实际生活情况，学生们便可以充分理解“我对零花钱的体验”这一章节相关理论知识的主要内容，并且结合“我对零花钱的体验”这一课程基础的理论知识进行深入思考与研究。“我对零花钱的体验”章节中不仅仅讲述了零花钱的用途，在教材中也为学生提供了各式各样的生活景象图片，引导学生正确认识零花钱与日常消费之间的密切关系。

教师可以集中利用一部分课堂教学时间，引导学生之间进行深入交流，随后结合零花钱用途进行合理研究。一部分同学认为零花钱的来源多种多样，主要是为了满足消费需求，也有一部分同学认为可以将零花钱用于捐赠帮助其他人。无论是在学生学习“我对零花钱的体验”这一课程理论知识的初级阶段或者是后期阶段，均会产生各式各样的学习问题，学生的思维形式以及逻辑形式有所不同，思考问题的方向也会存在极大差异。教师鼓励同学之间进行密切交谈，可以及时引导学生相互交换想法，随后积极培养学生发散思维，逐步拓展学生学习视野，完善学生学科知识体系。

（四）回顾总结，分享经验

无论是在学生自主思考的环节中，还是在学生与其他同学进行亲切交谈的过程中，均需要教师不断启发学生的思维，并且培养学生良好的学习意识以及思维意识。在学生自主探究出问题的全新解决对策之后，则需要教师引导全体学生，针对某一问题解决对策进行合理研究与分析，并且采取回顾与总结的形式，积极鼓励学生逐步分析自身的学习过程，找出学习环节中的不足之处，积极改进。通过此种形式，可以进一步培养学生良好的思辨意识以及逻辑思维习惯，通过自我评判或者是集体分析等形式，可以引导学生充分意识到自身的学习问题，教师也可以采取更加全面化的形式，逐步培养学生多方面的学习能力以及问题意识、思维意识。无论学生能否探索出更加全面的问题解决策略，教师均需要及时肯定学生的学习成果。随后集中利用一部分课堂教学时间，将学生的研究成果分享给全体同学，或者是指定某一位同学上台发言，将自己的研究过程以及研究成果分享给其他同伴。在学生分享自身经验的过程中，便可以引导学生不断发现自身的不足之处，以便促进学生共同成长。

例如，“护眼大行动”这一章节从眼球的具体结构以及保护眼睛具体措施等诸多角度进行了深入阐述，在即将完成课堂教学活动以及实践操作教学活动的过程中，教师可以鼓励学生采取回顾性研究的方法，统一回顾课堂教学的具体内容，并且结合课堂教学的主要步骤，一步一步引导学生复习相关学科知识点，合理理解眼球的内部结构。在学生完成课堂教学任务之后，教师则需要利用一部分课下时间，引导学生查找相关资料，反复查阅各类重要信息以及相关资源，在后续课堂学习活动中不断鼓励学生分享自身的学习经验以及研究成果。

为了进一步提升小学综合实践教学活动实际效率，逐步培养学生问题意识以及相关学科意识，需要教师立足于新课改的实际要求，合理研究当前的教学问题，随后结合具体问题，探索行之有效的教学对策以及教学方式，积极鼓励学生进行深入思考与反思，不断引导学生发现日常生活与学习支出的具体问题。在学生进行自主思考与合作交流的环节中，引导学生一步一步研究出问题的各种解决方式以及解决策略，随后采取言语鼓励以及物质奖励等形式，鼓励学生采取回顾性分析与研究的形式，进一步探索能力发展与能力培养的具体形式。

二、基于问题意识培养学生的创新思维

要培养学生的创新能力，首要的工作是培养学生的问题意识。当前小学课堂教学状况不容乐观，教师问、学生答的教学方法仍然盛行，学生疲于回答教师抛出的一个个问题，完全处于被动应付的状态，成了教师问题的奴隶。这样培养出来的学生怎么能有独立的个性和创新的能力呢？在教学探索中，必须彻底改革目前小学课堂教学方法，立足学生的发展，把培养学生的创新能力作为核心素养教育的出发点和归宿，从而要求小学教师必须转变教育观念，树立现代的育人观、人才观、质量观。教师在课堂上不要为学生包办一切，要在引导上做文章、下功夫，启发学生质疑问难，鼓励学生有创见，要把培养学生的创新能力贯穿于课堂的始终。因此，让学生学会提问题，意识到问题的存在，不但能产生思维的动力，而且决定了思维发展的方向和性质，可见培养学生的问题意识在教学中显得十分重要。

（一）问题意识的价值

第一，学生具有强烈的问题意识，是个体思维品质批判性和深刻性活跃的体现。意识到问题的存在是思维的起点。当学生在学习生活中产生了与自己已有认知结构的矛盾时，会主动去问一个“为什么”，此时思维才算真正启动。显而易见的问题无须发现，难以发现的是蕴含在习以为常的现象背后的问题，意识到寻常现象的不寻常之处是思维活动中解决问题的关键。正是这种思维的品质促使学生不断质疑、解惑，从而推动了学生创造力的发展。

第二，培养问题意识，有利于发挥学生在教学中的主体地位。教学过程是师生双向思维过程，而教师对学生问题意识的培养，则能使他们带着趣味性和价值性去学习，激发探究知识的灵感，从而调动学生积极主动地学习。另外，当学生怀着强烈的问题意识进行探究，并在探究中获得成功的喜悦情感时，又有助于强化求知欲和学习兴趣，从而进一步驱使学生更积极主动地参与教学过程，实现教学过程中学生主体作用的发展。

第三，培养问题意识是激发学生学习动机最直接、最有效的方法。小学生一般都具有好奇、好问的探究心理特点，而数学又是一门思维性很强的学科，教师必须根据学生已有的认知结构，抓住学生思维活动中的特点和难点创设问题情境，以引起学生探究问题的欲望。通过教师进一步的启发和诱导，经过学生积极主动的思考和分析，提出解决问题的方法和途径，就能达到发展智力和培养能力的目的。由此可见，培养学生的问题意识，从有疑到无疑，再产生新疑，是不断激发学生学习动机、调动学生学习积极性的最直接、最有效的方法。

（二）问题意识培养的常规方法

教师可从以下几个方面来培养学生的问题意识。

1. 鼓励学生敢于提出问题

目前的课堂教学，教师严肃有余、亲切不足，学生岂敢质疑问难？要改变目前的状况，教师必须创造十分自由、宽松、和谐、民主的探索问题的环境，消除学生畏惧的心理障碍，课堂上充满亲情的师生关系，使他们的身心得到解放。教师要满腔热情地鼓励他们大胆地发问，即使他们的问题幼稚可笑，有的甚至荒诞，也要保护他们的这种热情，加以鼓励表扬，因为高质量的问题也是从低质量的问题开始的。只要教师尊重学生、爱护学生、激励学生，天长日久，学生就会逐渐养成敢于发问的良好习惯和能力。

2. 让学生在好奇的探索中产生问题

好奇心是创新的动力，强烈的好奇心会使人对外部的事物产生敏感性，顿生疑问，引起思索、追根寻源的欲望。对于小学生从小就要培养其好奇心，引导他们平时要认真观察事物，并做到边观察边动脑子。教师可举出大家所熟悉的牛顿发现“万有引力”定律的故事，启发学生平时注意多留心观察，懂得处处皆有学问的道理。我还利用教学空余时间，经常请学生交流近来的生活中有什么新的问题发现，借以培养学生的好奇心和观察力。当然，更重要的是要借此引导学生对所要学习的新知本身产生好奇心。

3. 创设问题情境，让学生获得问题

老师应重视对学生问题意识的培养，结合学习过程精心设置问题情境，使学生意识到问题的存在，感到自己需要问“为什么”“是什么”“怎么办”的时候，思维已被启动，意识越强烈，思维就越活跃、越深刻。比如说数学老师在引入新知时设置问题情境，能使学生明确学习方向，以最佳状态投入学习活动。如在数学课堂上，数学老师在教学“圆的面积计算”这一课时，教师出示：用一根绳子把羊拴到草地中的木桩上，羊边吃草边走。问学生：“看着这幅图你想提什么问题？”学生争相提出：“羊走一圈有多长？”“羊最多能吃到多少草？”“羊能吃到草的最大面积是多少？”……虽然这节课无法一一解决这些问题，但学生通过积极思考自己提出的问题，思维活动处于最佳状态，学起来也特别感兴趣，特别亲切。

总之，教学时，要鼓励学生提出与众不同的看法，甚至是老师或其他同学一时也想不到的问题，这是学会提问题的关键。有些学生提出的问题与教学内容有偏差，教师应给予积极的肯定，尊重他们的人格，然后组织学生讨论。只要引导得法，学生就会提出思维含量高的问题。

三、培养学生的思维能力

培养小学生的思维能力是现代小学教学的一项基本任务，特别是处于学生智力开发时期的小学阶段，尤为重要。知识是思维活动的结果，又是思维的工具。学习知识和训练思维既有区别，也有着密不可分的内在联系，它们是在小学教学过程中同步进行的。小学教学的过程，应是培养学生思维能力最好的一个阶段。小学教学，一方面传授知识，使学生具备基础知识的素养，更重要的是通过基础知识的传授，培养学生的思维能力。

（一）培养学生思维能力是教学过程中的重要任务

小学教学要使学生具备初步的逻辑思维能力。在数学教学方面，概念是数学知识的基石，也是一种高级思维活动。学生掌握概念的过程中伴随着丰富的思维活动。因而，通过概念教学可教给小学生一些基本的逻辑思维方法。小学数学虽然内容简单，没有严格的推理论证，但却离不开判断推理，这就为培养学生的逻辑思维能力提供了十分有利的条件。从小学生的思维特点来看，他们正处在从具体形象思维向抽象逻辑思维过渡的阶段。

因此可以说，在小学特别是中、高年级，正是发展学生抽象逻辑思维的有利时期。在语文方面，不管是汉字的学习，还是文章的朗读，都充满了情感，而情感与思维关系密切，人的思维过程和情感过程是一致的。思维发展了情感，情感也充实了思维的内容，并激发了思维的活动，成为动情因素。小学语文教学应该通过潜移默化的形式培养学生的美好心灵，塑造学生的健康人格，激发学生的思维热情和想象空间。由此可以看出，把培养初步的逻辑思维能力作为一项教学目的，既符合小学教学的教育特点，又符合小学生的思维特点。

（二）主动学习，独立学习

其实，低年级学生已经具备了一定的学习能力，完全可以通过读读、画画、想想，眼、手、口、脑并用，学习发现问题、提出问题、解决问题的办法来形成良好的思维习惯。

在语文课程中学习《乌鸦喝水》一课时，有这样一句话："瓶子里的水慢慢升高，乌鸦就喝着水了。"在理解"慢慢"一词时，我事先让学生准备一个小矿泉水瓶（并装一定量的水）、若干个玻璃跳珠，让学生开动脑筋亲自动手模仿乌鸦的动作，同时结合课文前面提到过的"乌鸦把小石子一个一个叼起来"。学生经过动手动脑，并且调动自己的生活经验，理解"慢慢"一词，然后，还要再进行抽象思维理解乌鸦最后能喝到水的原因，解决"瓶子很高，瓶口很小，里边的水又少"的问题。这样的设计，既调动了学生的学习兴趣，又提高了学生的思维能力，促进其积极主动地学习、思考，同时教给了学生独立思考和学习的方法。

（三）在学习过程中要充分发挥学生的思维能力

"学习应该是一个不断思维的过程，并导致积极作用，创造一个新期望的未来。"这句话强调了思维是学习的关键。低年级学生天真活泼，有着不同的特征和禀赋，可塑性比较强，正是形成良好思维的好阶段。这个时候应该结合多种教学方式来形成并提高学生良好的思维习惯，而不是把他们当成被动接受的容器。

（四）开展讨论

讨论应该贯穿教学的始末，学生之间的讨论，可以互相交流不同的思维，提高学生全面的思维，更有利于学生创新能力的培养。在这个过程中，学生不仅养成了积极发言的习惯，更重要的是形成了多方面的思维方式，优化了他们的学习品质。

（五）拓展和创新练习

说话训练的设计，只有靠学生的思维，才能使知识转化为能力的进程加快。例如，学习《早操》一课时，我设计了这样一个练习：参照文中结构相似的几个自然段，让学生想想“谁起得早，怎么来怎么去（动作），在哪里做操？”因为有了朗读课的基础，学生甚至能熟读成诵，再加以合理的思考和想象、老师的鼓励，所以学生说得生动有趣，达到了培养思维能力的目的，做到了学以致用，活学活用。学生的“作品”相当精彩。如有的学生说道：小马儿，起得早，奔来奔去，在草原上做操；老爷爷，起得早，走来走去，在公园里做操。诸如此类的仿写片段还有很多。在仿写的过程中，学生发展了语言，学会了表达方法，并学会了关注周围的事物，培养了自己的思维能力。通过这种思维培养的练习，学生学习的兴趣大大增加了。

在小学教学的过程中，其目的不仅是将知识传授给学生，更重要的是增加学生学习的兴趣，发展学生的个性，培养学生的思维能力，为以后自主学习打下坚实的基础。近几年，在优化小学课堂教学结构、培养学生思维能力的研究中，把质疑讨论作为课堂教学的必要环节。要顺应儿童的心理特点，给予儿童发展思维能力的时间和空间。小学教学应以训练和发展学生的思维为核心，要通过恰当的思维训练，使他们的思维得到自主、充分、和谐的发展。总之，小学教学的目的，不仅在于传授知识，让学生学习、理解、掌握知识，更要注重教给学生学习的方法，培养学生的思维能力和良好的思维品质，这是全面提高学生素质的需要。

第四节　主动交流

"三人行，必有我师焉。"古人强调通过交流互动的方式来学习成长，在现代小学教育中更要鼓励学生自主探究与合作学习，从而实现更好的进步。

一、自主合作学习的要求

让学生亲身经历以探究为主的学习活动，使他们成为知识的发现者、研究者、探索者，满足每个学生发展的基本需求。强化自主学习意识，促进学生自主发展是提高语文教学效率、落实核心素养教育、培养21世纪创造型人才的需要。

（一）强化学生主体参与的自主意识

学生是学习的主体，自主学习是学生身心发展的客观需要。在教学过程中，只有唤起学生的主体意识，充分调动学生自主学习的积极性，才能促使全体学生自主学习。学生和老师的主体和主导地位要分清。凡是学生能自己探索出来的绝不能包办代替，由学生自己跳起来"摘果子"，充分发挥他们的学习主体作用，使他们的智力、能力在自主参与过程中得到发展和提高。

1. 发扬教学民主，构建平等和谐的师生关系，唤醒主体意识

要使教学民主得到充分体现，就必须建立新型的师生关系。师生之间建立起民主、平等、互爱的关系，学生就会亲其师信其道，积极主动地参与到教学活动中去。为了让学生主动地学习，我在课堂教学中，常常鼓励学生主动地陈述自己的见解，让学生大胆地说，想说就说，各抒己见，形成民主、自由、愉快、和谐的课堂气氛，让学生真正地参与到教学活动中。

2. 体验成功喜悦，增强探索欲望

心理学家盖兹说过：“没有什么东西比成功更能增强满足的感觉，也没有什么东西比让每个学生都能体验到成功的喜悦更能引发学生求知的欲望。”教师应当在教学中为每个学生都提供成功的机会，力求使学生有所获。

例如，在一节声母的复习课上，语文老师提出和学生展开“抢读”声母的比赛，一名平时很胆怯的女生也举起了手。语文老师立即抓住契机与她抢读。为了增强她的信心，老师始终保持与她同等的速度，在抢读最后一个声母时，为了使她能尝到成功的喜悦，老师放慢了速度，让她抢先读出了声母，全班同学都向她表示祝贺，她兴奋得满脸通红，情不自禁地竖起大拇指说：“我赢了！”这时候，老师采用成功激励的方法，激励这位学生的进步。这样使学生在群体中获得成功，从而体验到成功的快乐，使学习的热情越来越高涨。

（二）指导学生自主学习探求新知

心理学家皮亚杰说：“一切真理都要由学生自己获得，或者由他重新发现，至少由他重建，而不是简单地传递给他。”作为教师不仅要传授知识，更要成为学生的知心朋友，教会学生探求知识。在教学中，为学生多提供讨论、交流的机会，让学生发表自己的意见，表达自己的思考过程，接受师生的互考，使他们在正确的思维导向中，有序地发现，自觉获取新知，体验成功的乐趣。

改进教法与学法，启发诱导学生的创新，培养主体参与的能力。传统的小学教学在“应试教学”的影响下，多是灌输保姆式，学生被动地接受知识，机械记忆多，深刻理解少；单向交流多，集体讨论少，严重束缚了小学生健康的发展。著名教育家赞科夫说：“教学法一旦触及学生的情绪和意志领域，触及学生的精神需求，这种教学方法就能发挥高度有效的作用。”因而，创新教学就是要把以教师的讲解为中心改为以学生自主探索学习为主，教师的任务不再是把现成的知识灌输给学生，而是引导和帮助学生进行再创造。学生自己主动学习，掌握知识。

加强学生指导，培养学生主体参与的能力，帮助学生“学会学习”是当代一种全新的教育观。古人也指出“授人以鱼，只供一餐，授人以渔，可享一生”。为此，教师只有让学生掌握一定的学习方法，并能选择和运用恰当的方法进行有效的学习，才能确保学生的主体地位，真正体现学生的主体参与。

（三）积极引导学生开展小学合作式学习，使学生学会自主学习

课堂教学中，应该给学生提供更多互相交流、共同切磋的机会，让学生相互合作，共同参与学习活动；使学生更多体验互相帮助、共同分享的快乐，让学生在充满合作机会的个体与群体中，自主地探索，获得知识。小组合作式学习是师生之间和生生之间相互合作，人人参与学习、探索和研究问题。其特点是以学生为主体，教师为主导，多方合作，各施所长。课堂信息交流多向，学生学习更积极、主动。有利于学生思维方式的创新发展。小组合作性学习，使课堂气氛变得活跃、生动和有趣。

在开展小组合作时，科任老师认真编设学习小组，按座位就近四人一组，按学习能力有机组合，指定组长负责本组学习讨论活动的开展，发挥“小能手”作用。集体交流时，以小组为单位，小组四名成员先后分别汇报发言，也可以先由组长主要发言，其他成员补充。苏霍姆林斯基说：“人的内心有一种根深蒂固的需要——总感到自己是一个发现者、研究者、探寻者，在儿童的精神世界里这种需求特别强。”教学中，教师要充分发挥主导作用，为培养学生的创新思维创设条件，让学生自主地发现问题、提出问题，逐步使学生具有敏锐的观察力，具有创造性的思想和积极的求异能力。

教师只要给学生以学习主人的地位，在学生心中播下自主的种子，着力于培养学生的自主探索学习，就能发掘学生个体自我潜能，为培养出高素质、高技能的自主、独立的创新型人才打下扎实的基础。

课堂交流的指向表现为单向的“教师一学生”。教师是课堂的“主角”优生是主要的“配角”，大多数学生则只是不起眼的“群众演员”。课堂上缺乏真正意义的平等交流，这与核心素养教育严重违背，为了促进学生的知识建设，教师要创造平等、自由、相互接纳的学习气氛，在教师与学生以及学生与学生之间，展开充分的交流、争辩和合作，逐步达成共识。

二、自主探究合作学习策略

（一）营造自主合作学习氛围

兴趣是最好的老师，无论学习任何知识，兴趣才是其保持学习热情、激发学习动力的最有效方法。因此，教师在日常的教学中，应注重引导学生自主学习，发挥其能动性，提高学习效率。合作学习要充分发挥其在小学语文阅读教学中的作用，首先需要营造一个良好的学习氛围，使学生能够保持学习的热情。语文教师在进行阅读教学之前，可根据学生的兴趣爱好和学习能力进行分组，分组应有梯度性，能够使学习能力较好的学生带动其他学生共同进步。在小组内成员互相熟悉后，开展学习活动，小组成员可自由发表其对阅读文章的看法，互相交流意见。然后教师可组织小组之间的竞赛，使学生认识到小组合作的重要性，为小组荣誉而奋发向上，以此激励学生不断进步。

（二）优化课堂教学机构，发挥小组自主合作学习的实效性

优化课堂教学机构，我们从强化学生主体地位、培养学生合作精神的角度出发，初步探索出了几种学习方式。

1. 讨论式

它的安排要受学生的知识基础、认知需要、教学内容、教学氛围等诸多因素的制约。讨论前，教师必须注重引导学生独立思考要讨论的问题，讨论的问题是经过教师梳理的，能够体现教材重点难点以及多数学生认为是疑点的问题，问题不宜多，且要有讨论的价值，要能激发学生的好奇心和求知欲，要求学生带着问题，有目的、有重点地去读书、去思考、去想象。这样，学生在充分读书、独立思考的基础上，便能有所感悟，形成见解，为小组合作学习做好准备打下基础。在进行讨论时，首先我们讨论的组织可以体现层次性：难度不大的问题安排两人小组商量，如对有的词语理解；难度稍大的问题可设计成四人一组讨论，如在体会“鸟的天堂”的美时孩子们来介绍，就出现一个问题：怎样才能当一名出色导游？学生通过四人合作认识到想当好导游，必须认真读课文，只有自己感受到了，解说才有感染力，才能吸引游客；对于有些问题可以从不同角度、不同思维方式解答，还可以组织

全班讨论。其次必须合理分工，明确责任，由小组长主持小组活动，按小组学习要求组织小组成员交流讨论，并认真做好讨论记录，讨论结束后，由小组推荐一名代表，作为小组的“代言人”，向全班展示小组合作学习的成果。

2. 合作式

合作式学习是以学生互相学习，取长补短，达到共同提高，培养合作精神为目标的。因此，把学习内容进行分解，即让有明确任务和学习内容的小组自主合作学习。

3. 探究式

探究式是指教学过程在教师的启发诱导下，以学生的独立自主学习和合作讨论为前提，以教材为基本探究内容，以学生周围世界和生活实际为参照对象，为学生提供充分的自由表达、质疑、探究问题的机会。这种结构突出学生自己探究知识，注重学生的钻研。对于探究的内容应该具有一定难度，答案多样，是学生感兴趣、爱参与的内容。

4. 尝试式

这种结构突出学生的尝试，让学生在自觉训练中掌握知识，学会方法。其程序为“提出目标—自习教材—尝试练习—教师点拨—再次练习”。

5. 跑组式

在课堂中，对于确定的学习主题，学生可以离开座位，找班上任何一个同学组成小组（当然，他一定会选与他兴趣相同者）共同研究、讨论，让学生对合作学习伙伴始终充满兴趣和新鲜感。

（三）合作学习要通过组间竞争来提高效率

竞争可以有效地激发学生为荣誉拼搏的意识，尤其是在合作学习中，每个小组间进行竞争，能促进他们相互帮助、共同发展，进而有助于提高学生的学习效率。除此之外，合作学习还可以促进小组间的交流和讨论，使学生在交流和讨论中分享自己的经验和成果，从而取其精华、去其糟粕，使彼此间相互促进，这样不仅有助于提高教师的教学效率，而且还有助于每个小组共同发展。所以，在小学语文合作学习中引入竞争的模式是行之有效的。

例如，在讲到《只有一个地球》这篇课文的时候，教师可以让学生分组朗诵课文，并让他们比较看看哪组同学朗读得比较好。同时，教师可以设置问题：“文中所讲到的自然资源有哪些？各有什么特点？”让学生分组讨论，看哪组回答得比较好，可以给予一定的奖励。在这一比赛过程中，学生体会到了竞争比赛的乐趣，并学会去猜想。此外，这一过程也很好地培养了学生的动手能力，增进了彼此间的团结协作精神。

（四）进行科学的评价

科学评价是提升合作学习效果的动力。运用合作学习模式的重要目标就是促进每个小组成员的发展与进步，所以教师无论是对小组整体评价，还是对学生个体评价，都要客观公正，富有激励性，提高合作学习的积极性与有效性。在语文教学中，教师要借助多种评价形式，推进学生合作的进程，提高小组合作的实效。教师要及时发现合作学习中表现出色的学生，给予肯定与鼓励。在小组互评时，对于表现优异的小组，教师可以通过给小组颁发红五星，给小组成员戴小红花等方式予以鼓励。教师不但要重视对小组合作学习成绩的评价，更要重视对小组合作学习过程的评价，要对学生在合作学习中的态度、方法及参与热情等方面进行评价。小组合作评价要视不同的学情、不同的环境、不同的基础、不同的学生等给予不同的评价，切忌用一把尺子衡量学生，而是采取多种评价形式、多个评价角度、多元化的评价标准，对不同层次的学生发挥激励作用，提高小组合作效果。

总之，小组合作学习方式可以有效促进师生、生生之间的情感交流，促使学生在互帮互助中共同进步，发挥学生学习的主观能动性，在教学活动中起着重要作用。因此，在小学语文课堂教学中，教师需要充分发挥小组合作学习优势，将其同自主探究多种教学方式相结合，有机地将其渗透到课堂教学实践中，在小学语文课堂教学中真正体现核心素养教育教学理念，从而促进学生全面发展，提高课堂教学有效性。

第三章 3

传统文化引领下的特色办学路径

传统文化引领下，小学办学在德育、实践活动，以及班级管理等多个方面有积极意义，并呈现出传统文化特色。

第一节　传统文化引领下的德育教学

中华民族在历史发展中形成了许多优秀的传统文化，其中有许多带有深厚的道德色彩，蕴含着宝贵的德育精神资源。将传统文化中的优秀内涵提取出来，运用到德育中，可以对学生进行思想熏陶，使学生的道德修养水平得到提高。将传统文化和德育联系起来，加强德育效果，提高学生综合素质，是现代德育思考。

一、中华优秀传统文化中的德育资源

作为德育的重要阵地，学校需要采用多种手段和方式加强德育工作，提升德育效果。纵观中华民族传统文化，其中蕴含着丰厚的精神财富，不仅有个人的人格修养、理想与道德情操的内容，也包含着爱国主义与英雄主义、家国大义和社会责任感等方面的精神元素。我们努力汲取其中的精华部分，可以很好地引导和推进德育工作。

现代社会经济水平不断提高，许多家庭的生活条件相较于过去更加优越，他们不囿于基本的温饱问题，物质生活更加丰富，教育环境也更加完善。本以为学生在这样优良的环境中学习和生活会更有成效，但随着时代发展也有诸多问题显露出来。许多学生对钱财的看法有偏差，他们对父母的血汗钱不知珍惜，养成了许多生活上的陋习，同时学习上也出现厌学情绪，不思进取的风气弥漫开来。《三字经》对于学习有这样的看法：“子不学，非所宜。幼不学，老何为。”“玉不琢，不成器。人不学，不知义。”“头悬梁，锥刺股。彼不教，自勤苦。”“如囊萤，如映雪。家虽贫，学不辍。”这些都在说明人必须努力学习，而且要尽早学习。想想以上几个人的例子，他们没有好的学习环境，但仍创造学习条件，不断进步。我们要教育学生向他们学习，激起学生积极奋进的心。

近年来，外来文化悄无声息的渗透，加上网络媒体对所传播信息的宽容性，使学生受到许多歪风邪气的影响，若无良好的德育纠正学生的思想观念，很可能使其树立不正确的三观，导致其走上歪路。传统文化中有刘备的“勿以恶小而为之，勿以善小而不为”，有何坦的“终身为善不足，一旦为恶有余”。《孟子》中言：“仰不愧于天，俯不怍于人。”《易经》中言：“天行健，君子以自强不息；地势坤，君子以厚德载物。”《论语》又提醒我们：“见贤思齐焉，见不贤而内自省也。”《劝戒全书》：“欲不除，如蛾扑火，焚身乃止；贪无了，如猩嗜酒，鞭血为休。”……这些名言警句都是提高我们道德修养、教我们为人处世的方法，可以用以警醒学生。

假如有学生不懂得尊重师长、孝敬父母，常常以自我为中心，他们受到家长们过度的溺爱，不会爱他人、体谅别人的感受，我们可以教他们“老吾老以及人之老，幼吾幼以及人之幼”或“百善孝为先”，让学生思考：人如果自私自利、只爱自己，不尊重长辈、孝敬父母，也不和同学友好相处，这样的人你愿意和他交朋友吗？由此，引导学生不自高自大，要友善待人，学会尊重他人。

二、德育中传统文化价值的实现

自古以来，我国就有崇尚礼仪的传统，重视人们的思想道德教育。“忠孝仁义”等思想，便是对人们思想道德修养的要求。可以说，德育教育是我国传统文化的重要组成部分。随着时代的发展变化，有关德育的内容和内涵也产生了一定的变化。如今，传统文化在德育教学之中起着非常重要的作用。其一，传统文化能够提升学生的人文修养和道德修养。在我国丰富的文化宝库之中，展现了许多可歌可泣的英雄人物形象，其为心中的大义奉献了自己宝贵的生命。当学生在了解和认识这些人物之时，必然能够感受到其身上所展现的英雄气质而被吸引其中，进而影响学生的思想观念和行为方式，提升学生的道德修养。其二，传统文化能够提高课堂教学活力。以往的德育课堂教学总是停留在固化的教学模式之中而难以调动学生的学习积极性。我国传统文化则是丰富的、多样的，其中蕴藏着数之不尽的传说、故事、史实、民俗风情等内容，能够在多样的文化中激发学生的学习兴趣。

为促进德育的开展，可以从中华优秀的传统文化中汲取宝贵资源，将这些优秀传统文化渗透进德育中，发挥其价值和作用，对于学生正确思想观念的树立具有良好的促进效果。随着《论语》热、“国学”热的兴起，无论是网络媒体还是电视节目，都出现了许多关于优秀传统文化的内容。这不仅为社会带来了一股正气和新风，也为我们德育的开展提供了丰富的素材。如于丹在《百家讲坛》的“品《论语》”节目，向大众讲解其中为人处世的道理，学生可以自行观看并学习，教师还可以让学生分享观看后的体会和心得。

在学校开展类似的传统文化教育也具有重要意义。教师可利用早读时间开展诵读经典文学的活动，学校举办传统文化朗诵大赛、诗词背诵活动等，让学生浸透书香，与古代圣贤对话，从而潜移默化地提高道德修养，也能提高语文能力。

当然，学习优秀传统文化，要想得到切实的德育效果，不光要理解传统文化的字面意义，更要将其运用到生活实践中，让学生真正有所感悟而有所行动。如在尊重爱护老人方面，孟子在描述他所理想的社会时说“老吾老以及人之老”，如何让学生在生活中做到这点呢？可以开展社会实践活动，组织学生到敬老院送爱心，陪伴老人，为他们做些力所能及的事，给老人们表演节目，从而在实践中真正学会关心尊重老人。

道德修养是为人处世很重要的方面，是个人魅力的基础。社会对于人才的品德要求一直很高，而德育是提高学生道德修养的重要途径。中华优秀传统文化中蕴含着丰厚的精神财富，是德育的宝贵资源，为提高德育的效果，我们可以将传统文化渗透到德育中，增强小学生德育的人文底蕴，提高小学生德育的感召力和吸引力，使其文化视野得到开拓，文化品格得以完善，树立正确的思想价值观念，以促进其成长为一名现代社会合格的人才。

小学是小学生性格养成的重要阶段，良好的品格行为规范和性格直接关系到小学生们的人生发展。在小学日常教学和生活管理中，班主任发挥着举足轻重的作用。和其他任课教师相比，班主任最大的责任不仅仅是教好自己所带的课程，还要培养小学生们良好的思想品德和人文素养。中国传统文化提倡“礼、义、仁、智、信”，蕴含着民族精神、道德情操、人文涵养，值得小学生们去深入学习。中国五千年的历史源远流长，留下了无数可歌可泣的历史人物故事和优秀文化，比如满腔热血一心报国的屈原和张骞、谦谦有礼的孔融，班主任可以从这些优秀的人物事迹或故事情节中提炼出适合小学生们学习的课程来，培养学生优良的道德品质和文化素养。随着经济全球化和信息交流技术的极大进步，越来越多的西方文化走进了小学生们的视野。课堂上和生活中出现了许多喜欢讲英文和吃肯德基的小学生，各种韩风、欧美风的儿童服装大受欢迎，中国传统文化在小学阶段没有得到应有的重视和体现。如何提高传统文化课堂活力和学生学习积极性也是一大难题，班主任在开展传统文化教学时，要积极探索丰富多彩的教学方式，坚持实践示范带动作用，有效提高传统文化教学效果。

三、小学德育教育传统文化渗透存在的问题

（一）我国优秀文化的德育工作参与度低

文化自信不只是一个响亮的空口符号，不论是优秀的传统文化、伟大的革命精神还是奋斗精神文化，抑或是先进的社会主义文化，都是文化自信的基础。文化自信是从实践中凝结出来的，自然是可以运用到德育教育工作中来的。在现实中的小学德育课程开展过程中，我国优秀的文化并没有真正发挥其德育的效用。

（二）学校传统文化德育工作教师缺乏

教师在小学德育教育工作中发挥着主要作用，教师自身素质的高低决定了德育教育工作的开展是否成功。虽然小学内正在加大对优秀传统文化的宣传教育，但是实际上学校内专门从事德育教育工作的教师人数稀缺。小学内的德育教育工作大多时间都是其他科目的教师“客串”开展的。且以文化自信为依托开展的德育教育工作对教师本身的国学知识储备有着较高的要求，非专业的国学教师对优秀传统文化学科知识的掌握不全面、不系统，很难深入并成功开展小学德育教育工作。因此，专业的国学教师的缺乏使得小学德育工作马马虎虎地进行，结果并不能真正地对小学生产生深刻影响，牢牢树立文化自信意识。

（三）学校文化自信下德育工作内容体系存在漏洞

进行小学文化自信下的德育工作首先是要让小学生接触到我国优秀的文化。然而大多数小学内国学相关课程的开设较少，在“双减”的压力下学校对国学课程的开设更加疏忽。书法课等国学相关课程在学校内的开设少之又少，小学生在学校内很难接触到我国优秀文化，培养其对优秀文化的兴趣就是天方夜谭。即使学校开设国学德育教育课程，未将学生对国学的理解运用作为期末考核重点内容，知识学科仍然是成绩评比的主要科目，家长和学校对知识学科的重视程度远远大于学生德育教育学科。任何一项工作的开展都需要上级的支持，小学的教育工作更是如此。即使社会上大力提倡文化自信，学校领导层文化自信意识薄弱，学校的文化自信下的德育教育工作就不能顺利开展。学生家长认识不到德育教育工作的重要性，认为学习我国优秀传统文化是浪费时间，不参与考核的学习内容都将是毫无价值的。学校和家长们对文化自信下的德育教育工作的态度积极与否对是否能够顺利开展此项工作是非常重要的。

（四）文化内容筛选不符合学生身心发展规律

学生年龄与学习的内容之间存在一定的规律，德育教育工作也应该遵循学生的身心发展规律。我国优秀文化种类繁多且极其丰富，加之大多数文章故事比较晦涩，年代久远很难与当代学生产生共鸣。如果随意选择与学生兴趣与发展相悖的内容，学生难以理解赞同将会引起学生逆反情绪，促使学生对德育教育失去兴趣甚至产生厌烦情绪。因此教材的编写需要先深入了解小学生的认知水平和兴趣特点，再对文化内容进行挑选。教师也应当灵活地把我国优秀文化转化为符合学生兴趣爱好的内容，保留其中合适的内容与正确的价值观。

四、贯穿传统文化教育，培养学生综合素质

在遵循小学生身心发展特点和教育规律的基础上，作为小学教育的一线负责人，班主任要充分利用小学校园现有的师资力量和软硬件设施，在小学生传统文化教育方面做出积极有益的探索。

（一）要求班主任以身作则，知行合一

中国传统文化强调“礼、义、仁、智、信”，第一条就是做人要有礼貌，以礼待人，懂得尊重他人。小学阶段是培养学生养成良好习惯和品行操守的关键时期，班主任要时刻注意以身作则，知行合一。因为教师尤其是班主任，几乎天天和学生们打交道，是学生们的模仿对象和榜样，班主任的一言一行对小学生们养成良好行为规范和深刻理解中国传统文化发挥着关键引导作用。班主任在日常教学和管理中要穿着得体，避免穿花里胡哨的衣服，注意仪表姿态。对学生要礼貌尊重，不能打骂学生，即使学生犯错时，也要注意控制自己的情绪和教育方式。学生们在这种如沐春风般的教育环境下，自然容易养成儒雅恭敬的性格，养成传统文化里所提倡的各种优良素质。教师的以身作则比几堂课更有说服力和贯彻力，也是展示中国传统文化的最佳途径之一。

（二）利用各种节日开展传统文化教育

中国的特有节日都有着传统文化的深深烙印，是传统文化的一种外在表现形式。班主任利用各种节日来开展传统文化教育将取得意想不到的效果。首先，节日里的孩子非常开心，有充分的动力和兴趣去了解传统文化故事里的历史人物典故和光辉事迹。其次，每当学生们对节日满怀期待的时候，也会不自觉地在脑海里回想这个节日所蕴含的传统文化内涵，加深对传统文化的理解。

例如在端午节放假前，学校德育处可以给学生讲解端午节的来历。端午节是为了纪念我国古代伟大的爱国主义诗人屈原，屈原为了祖国鞠躬尽瘁，死而后已，为了表达内心的愤懑不平而投身汨罗江。屈原将国家前途置于个人命运之上，是一种伟大的爱国主义情怀，值得我们学习和效仿。

五、传统文化资源在小学德育中的引领路径

（一）丰富小学德育教学内容，促进小学生全面发展

非物质文化遗产是我国重要的文化教育，通过开展“非物质文化遗产”教育，让学生们在认识和感触之中增强家乡“非物质文化遗产”的自豪感和荣誉感，进而萌发对传统文化的兴趣，激发热爱祖国和家乡的思想情怀。我

国丰富的非物质文化遗产为小学生们深入了解家乡的风土人情和民间艺术提供了绝佳的载体。在选择非物质文化遗产进校园时，教师要从小学生的兴趣爱好和教育主题出发，只有充分调动了小学生们的学习积极性，才能保证活动的教育效果。因此，电城镇中心小学选择了彩绘技法这一凝聚了民间传承工艺与创新理念的工艺品作为“非物质文化遗产进校园”的主题。彩绘技艺是一门在美术雕刻上发展而来的工艺，和小学生们平常所喜爱绘画或涂鸦具有很多共同点。以丰富多彩、积极向上的校园文化活动为载体，开展非物质文化遗产进校园活动，丰富了小学德育教学内容，促进和保障青少年的全面健康成长。

（二）参观革命历史博物馆，升华道德教育主题

一名道德品质优良的小学生首先要热爱祖国，中华民族是一个坚忍不拔的民族，曾经几次遭遇强大的敌人，但在民族生死存亡的关键时刻，总会有英雄人物挺身而出，为了保卫祖国而奉献自己。他们的爱国热情和英雄事迹也早已融合到祖国的优秀文化基因里，激励着一代代中华儿女热爱祖国，勇于奉献。小学学校可以带领小学生们参观本地的革命历史博物馆，一幅幅生动形象的画卷能够让小学生们更好地感受到先烈的英雄事迹，激发他们的爱国主义情怀。比如小学历史课本里讲到的革命烈士杨靖宇将军，在极其艰苦的条件下毅然领导人民抗日义勇战士抵抗日寇，书写了可歌可泣的壮烈故事。正是这些革命先烈的抛头颅洒热血，才有了我们今天的幸福生活，国家繁荣富强，人民安居乐业。学生们参观了革命历史纪念馆，对中国人民的革命历史会有更加深刻的认识和理解，也是一次很好的爱国主义教育，对于小学生们养成热爱祖国和人民、尊敬革命先烈的优良品格大有裨益。

（三）结合本地文化资源，贯彻党的教育方针

党的十九大以来，成立了国家监察委员会，将反腐倡廉提到了更高的层次。作为祖国未来的建设者，在小学阶段接受廉洁教育是非常有必要的，也是成为合格的新时代中国特色社会主义公民的前提。小学廉洁教育的目的是引导学生从最基本的“诚实守信”开始，逐步提升到“自律自省”“遵纪守法”，直到养成一身浩然正气，严格要求自己，自觉抵御各种不良风气。

我国历史悠久的文明史诞生了一大批以包青天和海瑞为代表的清官廉

吏，他们的光辉事迹和感人故事，也早已成为我国历史文化的重要组成部分，可以作为小学廉洁教育的题材内容。具体的开展形式有画展、编写读本和讲座等。画展主要是描述古代清官和贪官污吏做斗争的画面，或者是满腔热血秉公直谏的故事，为了国家的安定富强和百姓的安居乐业，他们不惜搭上自己的仕途甚至是性命。比如在画展“海瑞奏严嵩”里，画家创作的海瑞形象正气凛然，义正词严地弹劾严嵩的胡作非为和贪赃枉法。严嵩虽为深受皇帝宠爱的权臣，面对海瑞义无反顾、无所畏惧的弹劾，也不得不认罪悔改。看到这大快人心的一幕，小学生们的内心会油然而生对清官的钦佩和崇拜，直观感受到廉洁自爱的重要性，只有自己品行端正，才能以理服人。编写读本则是汇编清官的生平典故和光辉事迹，并穿插编者的个人认识，加上编者的读后感。为了提高廉洁教育效果，这部分环节可以有部分学生参加，尤其是个人认识和读后感方面。学生们在读本里看到自己的创作，会激发他们的学习兴趣和自豪感。讲座主要是邀请当代社会道德典范来给小学生们现身说法，用他们的人格魅力和感染事迹来教育小学生们如何做一名遵纪守法的好公民，如何严格要求自己和社会不良风气做斗争，为以后走上工作岗位做到廉洁自爱做铺垫。在学校街道纪工委、团委开展“清廉薪火永相传、宣廉守廉进校园”道德品质教育活动中，我们进行“爱护生命和诚信”专题讲座，给学生们讲述了诚信为本的做人原则，之后邀请法制副校长进行法治意识教育主题活动，进一步升华道德品质教育主题。

（四）德育中增加传统文化教学内容

教材，是教师和学生学习的主要内容。课堂教学，是主要讲授教材内容的场所。所以，想要加强传统文化在小学德育教学中的渗透，则必须要加强教材中传统文化内容的比重，进而通过多样的文化内容来融入道德教育，从而提高学生的道德素养。另外，对于农村小学来说，其教学资源相对较为缺乏，无法运用多样的课外教学内容和教学手段来进行有效拓展。

所以，加强教材传统文化教学比重，是德育教育的重要内容。作为小学教师，要努力研究和探索多样的德育教学内容，制定和设计德育校本教材。德育校本教材编写，要根据小学生的认知情况和实际情况，充分顺应学生的心理需要，进而能够被学生理解和吸收并激发学生的学习兴趣。为了便于学生理解，教师可以将故事、图片等形式融入德育教材之中。与此同时，教师要真正将传统文化资源融入德育教材之中，将文化作为一个重要角度来增强教材的文化教育意识，进而培养学生的文化传承能力。小学教师可以将德育教材分为人格修养与家国情怀这两个部分展开文本内容。教材的编写理念便是培养学生的高尚的人格修养，发展学生的家国情怀，促进学生的全面发展。

（五）开展多样传统文化德育教学活动

在以往的教学过程中，教师总是通过言语向学生传授知识内容，在言语的熏陶下影响学生的思想观念。然而，德育教育的形式是多样的，其不仅仅只能够通过言语来进行讲述，还能够通过各种各样的活动来实现教育目的。当学生融入多样的教学活动的过程中，必然会因全身心沉入其中而获得别样的乐趣。

例如，小学教师可以通过给学生举办一些有关《论语》《大学》等我国古代经典作品的诵读活动，给学生布置每周的诵读任务来帮助其了解中华文化。在学生诵读经典的过程中，必然要先了解其意思才能够进行背诵，进而感悟其中的深刻内涵。所以，背诵的过程也是提升学生自身内在思想道德修养的过程。另外，教师还可以根据学生的诵读任务举办一个诵读比赛，让学生选择自己认为最优秀的作品来参与比赛。在诵读活动课堂中教师则让参与比赛的学生依次在讲台上展现自己的风采并且针对每一个学生的表现和朗诵内容进行相应的记录。在学生诵读完之后，教师则要针对学生的表现进行点评并且给予每一位学生鼓励和赞扬，进而带领学生说出自己对于朗诵内容的内在感悟和体验。除此之外，教师也可以依托端午节、春节等节日开展德育教育，通过多样的活动来增强小学德育教育教学质量。

（六）布置传统文化研究课题

课堂，是教学的主要场地。然而，教育却不仅仅存在于课堂之中，还存在于生活的方方面面。教师也不能仅仅局限于课堂教学之中，而要拓展课外教学内容来提升学生的德育能力。所以，小学教师可以给学生布置一些与德育相关的传统文化研究任务，让学生分为不同的小组在课下设计研究步骤和研究过程，提高学生的自主选择性和自主探究性。

例如，教师可以布置一个以“屈原”为主题的研究课题，让学生针对这一课题进行相关研究和探究。学生则可以在课下查阅相关文章内容或者是进行网络查询来了解屈原的简介、经历、文学作品、故事等内容。学生可以选择自己感兴趣的任意一个方面进行探究。无论是哪一方面，学生能够从中感受到屈原高尚的道德品质和崇高的思想道德修养，进而从中获得德育教育。通过这样的形式，教师真正让学生成为学习的主体并增强其学习自主性，在传统文化中培养学生高尚的道德品格。

（七）加大提倡文化自信力度

小学德育教育工作需要家长们和学校的支持以及积极参与。加大文化自信的倡导力度能够增强家长们的文化自信意识，不仅能够提高其对学生德育教育工作的理解支持，更直接的是增强自身的民族自豪感和自信心。文化自信是我国事业发展的一个根基，也是每个教育阶段都应该融会贯通的环节。社会上保持文化自信的氛围，在街区等公共地点张贴我国优秀文化相关海报或者标语，使文化氛围与群众生活紧密融合；校园内学校领导层以及教师有意识地开展与优秀传统文化有关的活动，例如书法比赛、古乐器演奏。开设文学讲座，邀请国学大师给学生们进行文化宣讲。使文化自信牢牢渗透到学生的生活中，让学生从根本上树立文化自信意识，潜移默化地影响学生们的德育教育。

（八）培养建设高素质的国学教师

把文化自信与小学的德育教育工作紧密结合，教师是其中关键的一个环节。国家应当重视高素质国学教师的建设，不单纯是为了搞好德育教育工作，主要是因为我国优秀文化需要传承，教师是文化传承的主力军。设置国学相关知识教师资格证考试，将国学教师与其他普通学科教师待遇同等化，承认其社会价值；在中小学以及高等学校开设不同程度的国学相关课程并将其纳入考核项目，引进熟练掌握我国优秀文化方面人才；学校有条件可以聘请专业文化教授对学校教师进行集中培训教育，进行专业知识宣讲，或者自费对教师进行文学知识“补习”，巩固拓展学校教师文化素养。

（九）将文化自信下的德育教育渗透到学生教育中

德育教育工作最好的开展方式应该是“润物细无声”似的潜移默化地对

学生产生影响，从思想上灌输文化自信理念。我国的传统文化也应该是与学生的生活息息相关的，只有把文化渗透进学生的内心和思想中，学生们的文化自信观念才能更加牢固坚实。在教材的内容编写和筛选中，可以有意地选取中国优秀文化、英雄故事等学生们喜闻乐见且最容易对其思想产生影响的板块，留意我国与西方故事的选取比例，应更多偏向于本土化内容。学生所需要的课外书，教师们可以多多推荐与我国优秀文化相关的书籍。课堂上的引用故事以及其他学生感兴趣的板块，教师均可以从我国文化中汲取素材。给学生们从小学就创造一个文化自信的学习环境，其受西方德育教育模式的影响将大大降低，从而更能增加自身文化自信。

丰富的文化资源是我国小学德育工作顺利开展的坚实基础。文化自信是中华民族精神力量的源泉，小学德育教育工作的主要内容均能从我国优秀文化中获得启发和影响，倡导文化自信提升小学生的文化意识将对其本身产生潜移默化的德育教育作用。

第二节　传统文化引领下的实践活动

作为教师，知识的传播者，更应该细细品味中国的传统文化，汲取其精华，授之予课。我们中国的传统文化源远流长、博大精深，渗透在中国人的行为、意识、思想、灵魂等诸多领域之中，它决定了我们每一个人的心理、个性、人格等基本素质的发展方向。实践活动是小学综合素养提升的主要教育教学方式，利用传统文化引领实践活动开展，对小学生成长有积极的作用。

一、传统文化引领综合实践活动开展

（一）作为教师的我们，首先要对核心素养教育的内涵有充分的认知

实施核心素养教育，就是全面贯彻党的教育方针，以提高国民素质为根本宗旨，以培养创新精神和实践能力为重点，造就“有理想、有道德、有文化、有纪律”的德、智、体、美等全面发展的社会主义事业的建设者和接班人。从那些精辟的论述和这一“决定”来看，要实现中华民族伟大复兴，要完成核心素养教育的重任，我们就不能不正视每一个中国人的基本心理模式，我们就不能不正视中华民族的传统心理。由此可见，核心素养教育所要培养的人的基本素质，即“良好的心理”“健康的个性”“健全的人格”，与传统文化紧密相连、不可分割。

（二）中华传统文化走进综合实践课堂势在必行

当我们掀开那悠久的历史，深入那灿烂的文化，研读那深邃的思想时，展现在我们面前的是屹立于世界东方的古代强国；领略到的是堪称世界奇葩的灿烂文化；惊叹的是凝聚着民族智慧的伟大发明。俗话说“一方水土养一

方人”，事实上，一种文化也孕育着一种文明。“泱泱大国，礼仪之邦”的东方文明，正是源远流长的中国传统文化铸就的辉煌。由此，我们不难看出中国传统文化所孕育的文明在世界文化史上，其功勋是何等的显著，其作用是何等的重大，同时，我们也看到了祖国传统文化对于今天我们所倡导的综合实践活动是何等的重要。在这样大的背景下，教育部出台了综合素质评价体系，这要求我们作为教育者必须细细品味中国的传统文化，并且要在教学中弘扬中国传统文化，才能适应时代的发展，这也是时代所要求的。

要培养有素质的接班人，要实现中华民族伟大复兴，用传统文化来进行核心素养教育，将成为我们必然的选择！

（三）以身垂范，扬起学习传统文化之风

教师肩负着培养祖国花朵的重任，被誉为“人类灵魂的工程师”。然而，近百年来，我们过分地甚至只看到了儒家伦理道德观念中消极的一面，一味地否定其积极的作用，以致物欲横流、世风日下：不孝不悌者有之、不仁不义者有之、不谦不让者有之、不诚不信者更有之。一句话，传统美德在不少人身上已丧失殆尽！

这就需要我们师者在课堂上引导学生树立正确的人生观、世界观和远大理想。像儒家的代表人物孟子的“乐民之乐”“忧民之忧”的思想；伟大的史学家司马迁的“人固有一死，或重于泰山，或轻于鸿毛”的生死观；家喻户晓的军事家诸葛亮的“鞠躬尽瘁，死而后已”的献身精神；杰出的现实主义诗人杜甫的“何时眼前突兀见此屋，吾庐独破受冻死亦足”的感人诗篇；著名的文学家范仲淹的“先天下之忧而忧，后天下之乐而乐”的幸福观；戊戌变法中的重要人物谭嗣同的“我自横刀向天笑，去留肝胆两昆仑”的豪言壮语；一代伟人毛泽东的“问苍茫大地，谁主沉浮”的雄心壮志；等等，都充分地体现了我国历代先进人物进步的思想、高尚的品德、远大的理想、非凡的抱负。对这些可赞可叹的警句的分析，能够启发教育学生，培养他们正确的价值观、人生观、世界观，有利于他们树立献身祖国、献身人民的远大理想。同时，榜样的力量是无穷的，名言哲理的警示作用是巨大的，文学作品的潜移默化是不可估量的，如果在我们的课堂教学中有目的、有步骤、有方法地去讲解这些传统文化中的鲜活内容，无疑对培养学生的恒心、毅力、品质、意志和“不断创新”“勇于进取”的精神是大有裨益的。

（四）探索传统文化融入社会实践活动的教育意义

1. 提高知识获取速度

中小学阶段是学生们学习的关键时期，在这一阶段中加快知识获取速度，能够为后期的进阶学习奠定坚实的基础。而中华优秀的传统文化是我国古人的智慧结晶，值得中小学生学习和借鉴，以提升个人素质和品质。通过社会实践，中小学生能够在动手活动中学习传统文化，并且激发他们对传统文化的兴趣和热情，为接受深层次的精神内核打下良好的基础。

2. 培养学生的情感深度

中华传统文化中包含着我国民族独特的精神基因，一方面它具备历史性，另一方面又具有现实性，因而时至今日依旧在从各个方面影响着中国人。在开展社会实践过程中，能够使中小学生接触到象山鲜活渔文化遗产，这些文化，包含着先民对自己资源的认识，对开发自然的态度，包含着对当前生产的要求，对未来生活的向往。参加这种社会实践，无疑能够使学生更加认识到个人在自然和社会中的位置，实现内心世界和外部世界的统一，树立起正确的人生观和世界观，为后期发展奠定基础。

3. 强化对学生意志的打磨

随着我国经济的发展和国力的提升，人们的生活水平也变得越来越高，中小学生在学校和家庭教育中，并没有对他们的意志进行打磨。因此，不少中小学生在面临诱惑时缺乏约束力，在学习中缺乏勤奋的态度。比如说当前中小学生在手机游戏中浪费了较多的精力和时间，带来了不良的影响。中华传统文化能够培养学生宠辱不惊的态度和百折不挠的进取之心，在象山渔文化实践课程中，能够感受到渔民的生活态度和坚忍的意志，培养学生的乡土情怀，促进学生的全面发展。

当今的教育，要求我们必须重视中华传统文化，结合时代的需要，用其积极的一面来教育学生，培养他们的道德素质，提高他们的道德修养，完善他们的个性和人格。作为师者，我将不忘初心，在中国传统文化的大潮流中，践行自己的职责，为实现中华民族伟大复兴的中国梦尽一份力！

二、中国传统文化综合实践活动方案

（一）活动主题产生背景

本次综合实践活动立足于在活动中增进学生对中华传统文化的了解，让学生主动参与，主动探究，用学生们自己的眼睛去观察、发现身边的传统文化。鼓励学生自己动手去寻找自己身边的传统文化，传承中华优秀传统文化，并在活动中受到热爱中国灿烂的传统文化的教育。

（二）活动目的

1. 围绕精美的民间工艺、民间艺术、风俗习惯、民间文学、民间建筑、名胜古迹、方言土语、名人逸事等主题，指导学生通过网上调查、社会考察、采访等方式和收集更多相关资料、图片等方式深刻了解中国的传统文化。

2. 引导学生通过对身边传统文化的调查，了解当地的传统文化和文化特色，并在活动中受到热爱中国灿烂的传统文化的教育。

3. 利用地方的各种便利条件（如地方戏曲），对同学进行传统文化教育。

4. 引导学生互相交流活动成果，互相学习，增进彼此对传统文化的了解。

（三）活动对象

全班学生。

（四）实施过程

第一阶段：我的心中有目标

（1）下面，我们先来看看，我们可以从（　　）方面去研究。

A. 精美的民间工艺（陶瓷、编织、笔墨纸砚）

B. 民间艺术（戏剧、剪纸、美术、音乐等）

C. 风俗习惯（衣食住行、节日）

D. 民间文学（谜语、绕口令、故事、笑话、传说等）

E. 民间建筑、名胜古迹、方言土语、名人逸事等

相关方法：①了解民间的风俗习惯、精美的民间工艺（通过请长辈、伙伴讲故事，网上查询等方式）；②了解民间建筑、名胜古迹（通过网上收集，上街调查，向家长了解等方式收集关于传统文化的各类知识）。

（2）这不是一般的家庭作业，而是很重要的一次独特尝试，要想千方百计完成好，无论是查找、访问还是整理、汇报，重在过程的参与，我们不以查找的知识多少论成败，而是要看谁在研究的过程中最努力、最积极。

第二阶段：活动中我注意（为期一周）

（1）当你明确了研究目标后，你可以按照自己喜欢的方式去调查、研究，还可以把收集到的相关资料转变成自己最拿手的绝活儿，在同学们面前露一手。

（2）注意事项：①根据同学们的兴趣、爱好或居住位置成立小组共同完成，小组合作既要注意小组成员之间的分工要合理又要注意整体协作，既要尽可能独立调查研究也要注意合作、交流，某些问题可以采取小组合作的方式共同完成，形成资源共享；②完成不了的事情可以请教老师、同学和家长，但不能出现家长包办代替的情况；③调查、汇报的准备时间是节假日、双休日以及课余时间；④需要在互联网上查找资料的可以与老师联系，不能擅自出入网吧；⑤调查过程中一定要注意安全，可以邀请自己的父母共同参与调查研究和设计汇报形式。

（3）小组安排如下。

民间工艺兴趣小组：这一小组的学生负责调查精美的民间工艺（包括陶瓷、编织、笔墨纸砚等）。

民间艺术兴趣小组：这一小组负责调查民间艺术（戏剧、剪纸、美术、音乐等）。

民间文学兴趣小组：民间文学（谜语、绕口令、故事、笑话、传说等）。

风俗习惯兴趣小组：风俗习惯（衣食住行、节日、婚丧嫁娶）。重点放在传统节日的收集整理。

民间建筑兴趣小组：负责调查民间建筑、名胜古迹等。

第三阶段：七嘴八舌话传统（成果汇报）（一课时）

活动准备：

（1）学生根据自身特长，分组收集与整理相关的中华传统文化。展示形式：图片、诗朗诵、语言汇报、小作文、手抄报等。

（2）教师准备相关的补充资料。课堂活动流程预设：今天这堂课，我们就要举行一个“七嘴八舌话传统”话题会。

（3）研究小组汇报：同学说说自己所知道的中华传统文化。

（4）各小组展示。

（5）互相评价。

（6）教师总结、评价。

三、传统文化主题班会活动开展

（一）背景分析

1. 落实中央有关要求

党的十八大以来，围绕传承和弘扬中华优秀传统文化，习近平总书记发表一系列重要论述。他指出：“中华文明源远流长，孕育了中华民族的宝贵精神品格，培育了中国人民的崇高价值追求。”党的十九大报告强调，要“深入挖掘中华优秀传统文化蕴含的思想观念、人文精神、道德规范，结合时代要求继承创新，让中华文化展现出永久魅力和时代风采”。

2. 加强课程教材建设需要

课程教材是中华优秀传统文化教育的重要载体。近年来，中小学各学科课程教材在强化中华优秀传统文化教育方面取得一定进展，但整体设计不够，系统性不强，存在碎片化倾向，与中央要求仍然存在一定差距，亟须予以加强和改进。

（二）班会目标

活动目的：通过展示有关传统文化资料，让学生了解祖国的灿烂文化，提高学生的审美能力，并增强学生的爱国情感和保护祖国传统文化的意识。在活动中相互分工，相互合作，培养学生的合作能力。

知识与能力：让学生了解祖国的灿烂文化，提高学生的审美能力。

过程与方法：在活动中相互分工，相互合作，培养学生的合作能力。通过展示有关传统文化资料，旨在引起学习传统文化的浓烈兴趣，领略传统文化的无穷魅力。

情感、态度与价值观：增强学生的爱国情感和保护祖国传统文化的意识，从而激发对伟大祖国的挚爱之情。

（三）班会准备

1. 了解有关民族传统文化，了解传统文化中丰富的内容。

2. 课件。

（四）班会过程

（每个环节的过程要具体展开，有生成材料）

环节一：你好，传统文化（了解中华传统文化）

设计意图：同学们可通过收集资料来更深刻地了解我们伟大的祖国拥有的数千年的传统文化、五彩缤纷的文学遗产，让我们领会博大的情怀，感悟精深的文化。

环节二：你好，魅力华夏（学生传统文化才艺展示）

设计意图：通过学生的传统文化才艺展示，提高同学们的艺术欣赏水平，陶冶情操，提高学生的审美能力，并增强学生的爱国情感和保护祖国传统文化的意识。让同学们在浓厚的艺术氛围中健康成长。

环节三：你好，心灵盛宴（中华礼仪文化的核心精神）

设计意图：让同学们了解中华传统文化的精髓是中华民族精神。学习中华传统文化，必须去挖掘文化背后所蕴含的民族精神。深刻认识社会主义核心价值观的核心内容倡导的“富强、民主、文明……”将这24字作为我们的行为准则，从而真正地理解中国的礼仪文化。

环节四：你好！传承美德（传承中华优秀传统文化）

设计意图：通过传承中华优秀传统文化，让每个人都承担起自己的任务，这就是爱。在家爱家，在学校爱学校，在班级爱班级，这样，我们都可以做到爱国。

（五）班会后延伸教育活动

通过开展“中华优秀传统文化”主题班会，使学生夯实优秀传统文化修养的基础，对中华传统文化有初步的认识。为了增进对传统文化的了解，让学生主动参与、主动探究，传承中华美德，班会后组织延伸实践教育活动。

（六）班会反思

现代社会的人乐此不疲地在中国的传统节日与“洋节”之间穿梭，特别是“洋节”已成了生活关注的对象。对于洋节，年轻人大过特过，可是对于中国传统节日、中国传统文化却甚少关注甚至是知之甚少。

那么到底什么是“中华优秀传统文化”，其中都包含哪些内容，学生却并不清楚。所以针对这个问题我设计了“中华优秀传统文化”主题班会，希望通过本节课让学生明白我们的传统文化都包含哪些内容，只有明白了中国传统文化内涵才能更好地理解名著中的传统文化。

随着核心素养教育理念的普及，中小学教育更加注重学生的全面发展，并且在中华优秀传统文化的教育和弘扬中，做出了积极的努力。目前，中小学在传统文化教育中取得了一定的成就，但是由于对社会实践缺乏足够的重视，导致中小学生不能够践行传统文化，削弱了教育意义。

四、社会实践中传统文化的创造性融入的策略

（一）明确目标设计

“凡事预则立，不预则废。”社会实践教育的开展也要如此，为了能够确保实践活动的教育意义，社会实践基地必须要进行仔细的调查研究，立足自身特色文化的精神价值和内涵。

首先，要明确教育目标，在社会实践中的传统文化教育，应培养学生的道德修养和家国情怀，促使他们形成良好的品质，还要提升中小学生的民族自豪感。

其次，要加强组织管理，社会实践基地的传统文化教育意义重大，并且面向不同阶段的中小学生群体，任务繁多，必须要加强组织和管理工作，确保课程的针对性和有效性。

最后，要保障在活动开展中学生的参与度，激发学生对传统文化的兴趣，从了解到体验再到个人感悟，形成一条完善的知识学习链条。

（二）重视基地建设

加强中小学生社会实践基地建设，应当从基础做起，由当地社会资源和文化资源整合入手，联合政府教育部门、学校和家庭，共同建设稳定的实践基地，有计划有组织地引导中小学生积极参加到实践活动中来，通过参观学习、生产劳动等形式感受优秀传统文化的精神内涵。中小学社会实践基地建

设过程中，要注意两个原则：

第一，要注重同当地教育事业的各级政府部门和学校进行共同建设，合作双赢，推动优秀文化教育活动的全面开展。

第二，要注重完善中小学社会实践基地的结构和功能，形成类型多样、功能齐全、教育结构完善的实践基地，充分发挥社会实践活动的优越性和传统文化的精髓，推动中小学生全面学习和践行中华民族优秀的传统文化精神。

（三）强化师资培养

优秀的社会实践教师，是保障中小学生实践活动有效开展的前提。在实践活动中，教师的定义并非传授理论，而是在于组织活动，启发、引导学生通过实践感受中华民族的优秀传统文化，使传统文化的核心精神能够贯穿在中小学生的其他学习和生活层面。当然，为了能够保障传统文化的教育效果，实践活动的教师应当以从事文史哲专业工作的人员为主，保障每项活动中，都有专业的指导教师进行辅助，提高中小学生的理解效果。

另外，还要对指导教师进行考核，通过明确工作任务、职责和工作内容，制定科学合理的考核制度，根据教师的工作态度、工作成效来保障传统文化教育的有效性，激发教师的积极性和创造性。同时还要创造良好的学习氛围，给予教师开展实践活动研究的经费、外出考察等经费上的保障，不断提高师资力量。

（四）完善评价机制

传统文化创造性地融入教育是中小学社会实践基地的重要教育内容，为了提升教育效果，应当建立起完善的评价机制，对中小学生参与活动的情况进行全面的评估，对教师素养和能力、课程设计的优劣进行判断，不断提升中小学社会实践基地中传统文化教育的有效性，促进中小学生全面发展。

我国优秀的传统文化是中华民族的精神命脉，也是涵养社会主义核心价值观的重要源泉。中小学生在参与社会实践活动中，应当重视对中华优秀传统文化教育的推进工作，培养学生成长为优秀文化的传承者和弘扬者，为中华民族的崛起而不懈努力。

第三节 传统文化引领下的班级管理

传统文化中有丰富的教育管理内容与策略，将其融入班级管理中，既可提高班级管理效率，亦能让师生感受到传统文化的价值与魅力。

一、传统文化引领班级管理的要求

在核心素养教育全面推行的当今时代，教师不仅需要培养学生的思维。同时还需要加强学生的道德品质的培养。尤其是针对小学生而言，他们的思维还存在着一定的局限，容易受周遭环境的影响而发生改变。因此，教师需要加强对学生的管理，通过正确的引导和教育，培养学生良好的三观，帮助学生塑造良好的品格和思想。在对学生进行班级管理的时候要能够让学生更多地了解传统文化思想，以便增强学生的整体素质，营造良好的班级班风，这样能够有效地帮助学生健康成长。

（一）加强班级环境的建设

对小学生而言，他们大多数时间都会待在教室里，因此，教室是学生学习的主要场所，为了能够落实对学生的管理，使学生更好地了解传统文化，通过传统文化培养学生的思想素质。在布置教室环境的时候，教师可以将一些名人名言或者相关的警句张贴在教室的墙壁上，以此警示学生，使得学生能够在生活中约束自己，从而更好地遵守班级纪律。又或者教师可以张贴一些有关传统文化的画面，例如负荆请罪、孔融让梨等。这样不仅可以让学生更好地了解传统文化思想，还能够起到一定的教育作用，帮助学生更好地认识自己。同时，通过这种张贴标语的方式，让学生能够汲取更多的知识，丰富学生的视野，让学生沉浸在书香气氛中，从而使得班级学生更具凝聚力。

（二）加强班级的法制管理

为了能够更好地管理小学生，教师需要将传统文化融入其中，并科学地制定相关的管理机制，发挥传统文化的作用，以便能够加强学生的法治意识。让学生能够自觉地遵守相关的规章制度，以此培养学生的自律意识。例如，老师可以利用一些课堂时间，让学生熟读《弟子规》，并结合学校的校规，让学生在生活和学习中能够约束自己。同时，通过制定班级规章制度，让学生学会保持良好的仪态，穿着端庄，行为规范。这样可以让学生在传统文化的熏陶下自觉遵守班级制度。在长期的教学和管理中，教师还应该对班级规章制度进行调整和补充，使其更适合小学生管理。

（三）发挥功能性作用，引导学生自我管理

最好的管理是自我管理。通过自我管理，学生不仅不会感受到压抑，还会自觉维护班级秩序，营造良好的班级气氛。这样不仅有利于学生高效学习，同时还能够提高学生的自我管理能力。因此，教师在对学生进行教育和管理的时候，要能够指导学生自我控制和约束，以此保证管理质量。在传统文化视角下，教师需要融入管理服务新理念，让服务功能更强大，引领学生进行自我管理。在管理学生的时候，首先教师也需要遵循传统文化思想，要能够做到以人为本、与人为善的管理理念，并结合和而不同的管理思想对班级管理进行总结和评价。同时，要站在班级利益的角度去分析和思考问题。在日常管理的时候，要能够体现服务他人的思想，以便维持班级管理工作正常运行。

（四）依托工匠精神践行班级成长的管理理念

中华文化博大精深，在传统文化的底蕴中，我们不难感受到工匠精神的伟大。因此，在对小学生进行管理的时候，也需要对学生进行精雕细琢，将学生培养成对社会对人民有用的人才。通过精雕细琢，加强对学生的思想素质管理。针对小学生来说，他们年纪比较小，处在启蒙阶段。因此，教师需要能够清晰地认识到班级管理的漫长过程，要能够循序渐进，对学生进行引导。在班级管理工作中，以工匠精神为依托，让学生能够进行深入的学习，促进学生思维方面的提高，培养学生的学科素养。同时，教师还需要对学生进行打磨，通过不断的教育，提高学生的知识水平，使学生能够真正掌握相关的技能，提高学生人际交往能力，使学生能够更好地成长。

（五）以身作则，发挥带头作用

为了能够落实对学生的管理，教师要能够秉着服务的意识。同时还需要落实全心全意的服务管理理念。通过以身作则，起到带头模范的作用，以便确保传统文化在教学中能够发挥出巨大的作用。为了能够更好地落实对学生的管理，教师可以通过采用鲜明的活动主题方式，引导学生进行讨论和探究。以此让学生能够更好地了解传统文化。在实践教学中，教师也需要起到带头模范的作用，通过讲解传统文化、践行传统文化思想，实现高质量的管理。在实际教学过程中，教师的一言一行都可能影响到学生。因此，教师需要对自己的行为进行约束。只有这样，才能够有效地落实对学生高质量的管理。

在对小学生进行管理和教育的时候，教师要能够积极融入传统文化思想，加强班级环境的布置，通过实践活动让学生更好地了解传统文化的思想，以便提高自身素养，使得学生能够自觉遵守班级规章制度。此外，教师还需要借鉴优秀传统文化，营造良好的管理氛围。作为一名教育工作者，教师要能够以身作则，提高自己的师德水平，将传统文化融入班级管理中，通过采用多种形式的管理方法，落实对小学生高质量的管理。

二、优秀传统文化引领班级管理的策略

让优秀传统文化走进中小学校园以夯实中华文明的基石是目前学校教育的重要任务。如何将优秀的传统文化运用到班级的管理之中，是新时期班主任需要思考与努力的。

（一）用优秀传统文化培养以爱国主义为基点的新时代的接班人

我们伟大的祖国在党的领导下，已经逐渐强大起来，并且不断走向复兴。作为新时代接班人的中学生，他们的人生观、价值观直接影响到祖国的未来。而现在的中学生，成长在新时代，过着衣来伸手饭来张口的日子。父母对孩子们的要求只有一个，就是好好学习，考个好成绩，孩子们根本就不明白自己为什么要学习。所以，我会引用北宋著名的思想家、教育家张载的名言“为天地立心、为生民立命、为往圣继绝学、为万世开太平”教育我的

学生，希望学生们的人生目标不仅是考个好大学、找个好工作，而且是能够心系国家、心系世界。让学生真正明白读书、学习的目的是继承和发扬我们优秀的传统文化，用自己所学到的知识服务人民、回报社会，为实现中华民族伟大复兴贡献一份力量，做一名有担当的中学生，成为新时代的接班人。

（二）用优秀传统文化培养学生良好的道德品质

小学生的道德水平也直接关系到国家民族的素质，所以我也会用“修身、齐家、治国、平天下”来引导我的学生，希望他们明白只有自己的品德端正才能管理好家庭、治理好天下。也就是说，把道德品质放在成人的第一位，这也符合当前教育的根本任务——立德树人。

现在的小学生大多是独生子女，从小就在六位家长无微不至的关怀下长大，由于过分的疼爱，他们养成了很多不良的思想。如对待师长不够尊敬，与同学相处不懂得谦让，做事经常不讲诚信。在我国传统文化中强调“天、地、君、亲、师”的价值观，教师享有崇高的声望，所以我教育我的学生要尊师重教，树立感恩意识。我还想到了用古代传统文化中的“仁、义、礼、智、信”“温、良、恭、俭、让”来教育我的学生。我希望他们对待父母、长辈要恭敬，要有感恩之心；对待同学、朋友要仁爱、温和、忠义，做一个善良、谦逊、诚信、节俭的人。

（三）用优秀传统文化培养学生规范的行为和学习习惯

《论语》《弟子规》等经典传统文化中有很多规范学生行为习惯和学习习惯的句子，我会引用其中名句规范学生的行为。

学生在平时的学习生活中难免会犯错误，尤其是同学之间发生矛盾之后，都不愿意承认错误，总是会说“×××同学犯了这样那样的错误”，而把自己的错误说得微乎其微。这让我想到了《论语》中有这样一句话“君子求诸已，小人求诸人”。意思是说，君子向来都是对自己严格要求，而小人却总是苛求他人。我希望学生能够正确面对自己犯的错误，换位思考，多发现对方的优点，寻找自己的不足，互相理解，从而解决同学之间的矛盾。

《弟子规》中的“谨”这一章所讲的都是生活中的一些细节，我会运用这章中的经典句子去规范学生的行为习惯。如“步从容、立端正、揖深圆、拜恭敬”，我用这句话告诉我的学生平时走路脚步要从容，不要追逐打闹。

站立的姿势要端正，尤其是课堂回答问题时，一定要站直而且声音洪亮地回答问题。课堂施礼时要把身子深深地躬下、遇到师长打招呼时要有恭敬之心。

《弟子规》中的“余力学问”这一章的内容非常适合培养学生良好的学习习惯，如，我会用“读书法、有三到、心眼口、信皆要”这句话约束学生读书或者学习的习惯，希望学生在读书、学习的时候能够认真观察、动脑思考，与同学老师交流想法。

（四）用优秀的传统文化营造特色班级文化

每接手一个班级我都会和我的学生悉心布置教室，营造温暖舒适的环境。我希望创建一个师生联动、凝聚一心的班级氛围，既让孩子有家庭般的归属感，也鼓励他们拼搏进取，同时也能感受到祖国文化的博大精深，建立文化自信。

1. 让每一面墙壁都会说话，打造国学氛围的班级

在布置班级时，我会和学生共同商议，精心设计每一面墙壁内容。在教室的前面张贴古代名人如孔子、老子等大师的画像，侧面挂上“仁、义、礼、智、信”的卷轴，建立国学图书角，图书角摆放国学经典，以此来布置良好的国学文化氛围。还会结合传统节日，如清明节、端午节等制作黑板报。

2. 运用“诸子百家”思想，制定班级制度，管理班级

“法家”思想主张依法治国，借助“法家”思想，班级开展以班规治班的管理制度，本着班规面前人人平等的原则。开学前两周，我会和学生一起制定符合本班的班规，班规包括学生在校的每一时刻，我们会从学生入校开始，规范入校应该如何行走，进楼应该怎样有序，课堂应该如何听讲，放学回家后应该怎样完成作业等问题，根据各种常规制定出班级的规范加减分细则，再把细则分为学习、纪律、卫生、活动四方面，由四个人负责管理记录，在管理班级时一定严格按照班规执行，周末由班长汇总，月末一总结。在班级的班规约束下，班级管理井然有序，各方面表现越来越好。

“儒家”思想讲究仁义道德，在对学生严格要求的同时，也给予他们足够的关爱。每个班级都会有特殊的孩子，尤其是表现不好的学生，他们大多数都是特殊家庭的孩子。单亲家庭的孩子或者留守儿童，他们缺少爱的关怀，希望引起别人的注意，可能平时表现就会违反班规，学习成绩会不理想，这样的学生可能会越来越差。我的班级管理，非常重视对这些问题学生的关爱。关注他们的进步，发现他们的闪光点，用阳光积极的心态去鼓励他们，用真诚的爱心去感化他们，教育他们向积极向上的方向发展。

“道家”讲究无为而治，这是班级管理的最高境界。班级有了自己的班规，学生有了行为的准则，但是是在老师、班委的监督下执行的。如果学生能够自觉遵守纪律，自己管理班级，不需要制度去约束自己，自发地形成良好的班风、班貌，这样班级管理就会更轻松。所以，平时我会给孩子们讲解一些“道家”的思想，希望他们能够明白，为了集体的荣誉、为了自己的真正成长，去自觉遵守纪律，班级的管理者越来越少才是最好的班级。

三、运用传统文化理念进行管理班级——基于班主任角度

班级管理是一门学问，更是一门艺术。在不断研究传统文化的过程中，我感受到了中华传统文化的博大精深，为班级管理提供了足够的理论依据和方法。作为班主任的我们要善用优秀的传统文化，帮助学生树立文化自信，构建出和谐、上进的班集体。现代小学教育中，不少班主任深切地体会到，现在的学生在管理上的难度越来越大，根源在于很多人心无所着、优游卒岁。要想剔除杂草，最好的方法是种上庄稼。同理，如果在他们心中播撒上正能量，不就能挽救很多迷途的羔羊吗？有鉴于此，建议班主任借鉴圣贤智慧管理班级。

（一）君子务本，本立而道生

曾子说：“自天子以至于庶人，壹是皆以修身为本。”有子说：“孝悌也者，其为人之本与。”有感于此，我引导学生积极传承“孝”的美德，以行动“养父母之身，养父母之心，养父母之志，养父母之慧”。

“千里之行，始于足下。”在求学阶段，就要努力学习，以优异的成绩回报父母；时常问候，以温馨的挂怀温暖父母；爱惜自己，以对生命的敬畏感恩父母；惜时如金，以只争朝夕的精神宽慰父母……敬畏生命的本源，大家也就树立起了成长的木铎，心灵才不会恣意漂泊。所以，在学校同学们能

用心做最好的自己，回到家同学们能做最好的儿女，这都是孝的力量所致。践行悌道，就是引导同学们和睦相处、互帮互助、共同提高，尤其是从身、口、意三方面树立正念。在同学们的共同参与下，我们提炼出“精诚团结，自强不息”的班训，并为大家所信受奉行。

孝悌之道为同学们扎下了成长中的大根大本，使其心有所依、神有所寄、行有所止。

（二）好学善学乐学

当学生情绪比较浮躁时，班主任就用“韦编三绝”的典故激励学生，用“我非生而知之者，好古，敏以求之者也”的精神唤醒学生，用“学如不及，犹恐失之”的紧迫感鼓舞学生，用“入太庙，每事问”的执着启发学生，用“三人行，必有我师焉。择其善者而从之，其不善者而改之”的方法感染学生，用“子在齐闻《韶》，三月不知肉味”的陶醉感染学生……在耳濡目染的价值引领中，越来越多的学生变得谦逊好学、善学乐学，班级处处鼓荡着学习、成长、进步的热浪，我们的学习质量飞速提高。笑容绽放在我们的脸上，也荡漾在每一位家长的心里。

（三）知礼而后可立

班主任对学生不可谓不关爱，对班级不可谓不尽心，制度不可谓不完备，管理不可谓不严格，但违纪的同学每年都还不少，焦虑、恼怒、嗔恨的情绪也时常伴随着班主任。当读到“道之以政，齐之以刑，民免而无耻；道之以德，齐之以礼，有耻且格”时，班主任豁然开朗——一切规范都应该建立在学生的心灵坐标上，作为中华八德之一的“礼”可以超越冷冰冰的教条而融汇在学生的心灵深处。所以班主任用“不知礼，无以立也”的教诲来勉励学生，用“非礼勿视，非礼勿听，非礼勿言，非礼勿动”的劝诫来保护纯净纯善的心灵，用洒扫之礼、进退之礼、应对之礼、课堂之礼、同学之礼等来引导规范言行，在“君子敬而无失，与人恭而有礼”这一翩翩风度的滋养下让“君子之风存焉”，从而收到了“扬正气、讲文明、树新风”的良好管理成效。

（四）三省吾身

在人的成长历程中，有一个所有人都不能避免的问题，那就是犯错误。亚圣说：“人恒过，然后能改。”夫子说：“过而不改，是谓过矣。”子贡说："君子之过也，如日月之食焉。过也，人皆见之；更也，人皆仰之。"这些金玉良言无一不强调了改过的重要性，其前提是教师的身体力行。因此，我们的班主任每天都有教学及生活中的反思，也时常与大家交流，然后引导学生掌握知过之法。受"吾日三省吾身"的启示，学生建立了自己的《省身录》，日有所记，月有小结。同时还要掌握改过之法，不仅要有"过则勿惮改"的超凡勇气，有"见善如不及，见不善如探汤"的改过热情，更要有"不能两次踏进同一条河流"的目标追求。让《省身录》作证，让老师和同学们作证，在自我审视、不断反思的过程中，很好地实现了学生的自我管理、自主发展。

第四章 4

中华优秀传统文化引领特色办学的实践

电城镇中心小学有着悠久的办学历史，文化底蕴浓厚，因此为传统文化融入特色办学奠定了基础。了解学校办学历史，并根据时代发展与时俱进，让传统文化与现代办学理念相融合，形成特色办学，实现更好的育人目标。

第一节　办学历史

悠久的办学历史，让电城镇小学可以追溯到明清时期，历史沉淀了办学理念，也让学校拥有浓厚的传统文化气息。

一、办学之初——明清时期

电城镇中心小学位于电城镇东街，是一间有七百年悠久历史、文化底蕴深厚的老校。自明清以降，皆为电白县官立书院（学校）。据《广东地方志》记载，明洪武二十四年（1391）建神电卫城，神电卫署就设于此。明成化四年（1468），电白县文庙、教谕署随县治迁神电卫。清初电白县建立"电阳书院"，清乾隆八年（1743）知县毛邑重建电阳书院并易其名为"莲峰书院"。因电城为莲花地形，书院地处莲峰，因地而得名。

"莲嶂东屏，鸡岛回澜，南临大海，北负崇冈，重峦叠嶂，左右环卫，实乃山川灵秀之地。"知县毛邑将"电阳书院"改名为"莲峰书院"后，"公置义田380石租作为校产，并不断充实。乾隆二十四年知县刘继添筑盐池生漏贰所：一西厂，一南厂。乾隆二十八年知县常有续派田漏为师生膏火之费，职员邵纯儒、例贡蔡之芬均捐租百石，绅士各捐有差。南漏复废，杨艳美、邵锦成捐本修筑晒偿后归回书院"。

清朝乾隆知县常有对莲峰书院记略："县旧有书院曰电阳，久圮。前宰毛公重建于乙丑，易其额曰莲峰。邑之绅士公置义田岁入租三百八十石有奇，仅敷山长膳修。后宰刘公贷郡城敷文书院公银为试开白蕉南关盐池，工本计八漏，岁收租羡一百五十金，议俟三易，岁清子母改充莲峰膏火，未免缓不及济，而生童肄业于院，去留自如，实鲜名存，曷考成效。爰于壬

(午)春延秀水郑孝廉红泉先生掌教，录送正附课生童若干，设立规条，月定六课，严甲乙，示劝惩，然廪饩之资悬而有待经营久之。明经杨达等集众捐银四百两，共襄胜举，请将三百六十有奇清敷文本息，余为泐石费，其漏租即自壬午秋月朔归莲峰出纳，据情上详。叨蒙允行，诸生鼓歌弦诵，郁郁彬彬，日新月异矣！”

道光七年（1827）知县王时任重修莲峰书院。杨君全力董其事，道光丁亥年（1827）十一月十九日兴工。按照旧基，高其闳闬，扩其堂址，以因为创工不减于鼎新，共费工料银贰千两有奇，核簿题不过三分之二，设法筹数，仍属不敷。董事杨君庀材鸠工，不惮劳苦，方获始事，无如工未毕而杨君弃世，接理乏人，又喜其子杨生龙宫兄弟，克继父志，不惜借垫，乃观厥成。道光戊子年（1828）十月二十日落成，计大门前照墙一座，次门内为二门，旁有廊房，进为讲堂，又进为便厅掌教之居，肄业之所，共有房舍三十间。兹书院重为修复，焕然一新。从此延师课士，岁无虚日，诸生之藏息于斯者，黜华崇实，亲师讲道，岂徒习文艺弋科名而已！必将饬纪敦伦，学之为孝子悌弟焉，学之为循吏名臣焉，异时各据所学以赞襄。光绪十二年（1886）知县孙铸重修莲峰书院。

乾隆壬午年（1762）春聘请浙江嘉兴秀水儒学名宿郑孝廉红泉先生为莲峰书院掌教（山长）。乾隆乙酉年（1765）科拔贡邵天眷（邵咏之父）以副榜掌教莲峰书院。乾隆壬子年（1792）科优贡邵咏曾掌教莲峰书院。罗定举人陈书锦以县训导之职兼莲峰书院掌教。己卯科举人杨廷会曾掌教莲峰书院。清末民初，邑之名士邵桐孙、杨锡禄（竹轩）等曾在莲峰书院任教。莲峰书院校产历经充实后主要有学田8处、盐田2所、学铺2家，年可收租谷829石，另有中甲盐厂扛箩出息，年收银圆200元。

二、时代新变——清末民初

清末，朝廷废科举以兴学堂，光绪三十一年（1905）知县祺威设县学务公所于莲峰书院，委派邵延惠为所长，命拔贡朱元昌、邵延惠及邵士沅、梁润时、廖德谦、黄运光、廖祺南等为学董，负责筹办“电白县官立高等小学堂”，以莲峰书院为堂址，拨县内寺庙田租，以充经费，所需建设费爰向各族捐题先祖禄位，以资挹注。当时以黄友信公捐款最多，崔九九公次之，而各姓捐题多寡不一。其捐之款除建设支销外，尚存毫银一千圆，揭生于观珠裕来当，为禄位楼祭祀基金，每年冬由学堂收息，办祭一次，以为纪念。后该款项由学校收回存储。电白县官立高等小学堂办学经费主要来源是政府拨县城内寺庙田产1600石租和原莲峰书院盐田收入等。学堂新建禄位楼一座，教室两间，并将尊经阁及书院原址修建为堂舍，校舍面积2000平方米，半载后落成，规模宏伟。县委拨贡邵延惠为堂长（校长），至光绪三十二年（1906）二月成立开学，招生100人，改名为“电白县官立高等小学堂”，是电白县第一所新式学校，电白新教育由此发轫！

民国元年（1912）改称为“电白县立第一高等小学校”，增建课室、礼堂，扩大校园面积。民国九年（1920）改称为“电白县立第一小学校”，开设一至七年级。民国三十年（1941）秋，全县推行国民教育，各乡办设中心学校，学校改称为“电白县附城乡中心学校”，开设一至六年级6个教学班，有学生297人，教师12人。

三、岁月进取——中华人民共和国成立之后

1949年，学校有7个教学班，学生350人，教师15人。1950年改称为“电白县第一小学”。1960年改称为“电城镇第一小学”，有16个教学班，学生800人，教师25人。1967年9月，学校附设初中班，1982年初中班停办，共毕业初中学生15届。1980年改称为“电城镇中心小学”，有18个教学班，学生1000，教师30人。1981年“电白县第一小学”的名称由水东镇“东风小学”改称。1987年9月，电城镇第二小学撤销，并入电城镇中心小学。1990年，全校有31个教学班，学生1533人，教师70人。2006年9月至2017年7月，学校开办三至六年级住宿（全托）班，每年在学校全托生500多人。2017年9月，学校分设爵西校区，六年级学生全部搬至爵西校区读书。爵西校区时有教学班33个、教师88人、学生1442人，校本部有教学班47个、教师112人、学生2390人，两个校区共有教学班80个、教师200人、学生3832人。2018年2月爵西校区独立。2019年8月，滨海新区撤销电城镇中心学校，其行政管理功能并入电城镇中心小学，由学校管理全镇各面上小学及幼儿园，2020年10月27日撤销

该功能。2023年4月15日，成功举办新式办学117周年校庆，盛况空前。

2005年，学校被评为“广东省一级学校”，是全县第一所省一级小学。2014年，学校创强项目开工建设，2016年6月，学校通过“创建全国义务教育均衡县”验收组的验收，2016年12月，学校通过“广东省义务教育标准化学校”验收，2017年11月，学校通过“广东省教育强镇、强区”验收组的验收。

学校现有一至五年级教学班53个，学生2705人，教职员工129人。学校占地面积23513平方米，校舍建筑面积17328平方米，有教学楼4栋、科学楼2栋、学生宿舍1栋、教师宿舍3栋、藏书10万册。校园布局合理，教学区、运动区、生活区三区分明，校园绿树成荫，环境优雅，空气清新。

第二节　办学成果

得益于学校全体教师的努力，也得益于电城镇中心小学丰厚的传统文化底蕴，学校在办学实践过程中取得了丰硕的办学成果，更好地落实了国家的教育政策，培养了大量的时代新人。

一、学校荣誉

电城镇中心小学一直都是电城镇乃至全县（区）的龙头学校。以下以荣誉级别展示学校所获荣誉。学校于1987年被评为“全国少先队红旗大队”，2008年被评为“全国优秀校园文学社团”，2018年8月被评为“全国中小学国防教育示范学校”，2018年12月被评为“中国楹联文化教育基地”，2019年10月被评为“全国足球特色学校”；1989年被评为“广东省少先队工作先进单位”，2005年被评为“广东省一级学校”“广东省模范职工之家”，2012年被评为“广东省书香校园”“广东省少先队红旗大队”，2016年被评为“广东省安全文明校园”，2016年5月被评为“广东省楹联文化教育基地”，2017年被评为“广东省依法治校示范校”，2018年被评为“广东省少先队红旗大队”，2019年被评为“广东省优秀联教学校”，2020年12月被评为“广东省校园生活垃圾分类基地”，2021年6月被评为“广东省少先队先进学校”，2021年8月被评为“广东省文明校园”、同月荣获“广东省第一届暑假线上跳绳挑战赛第二名”，2022年2月少先队荣获广东省2020—2021年度“红领巾奖章”四星章，2022年6月被评为“广东省少先队红旗大队”，同月荣获中国关工委健康体育发展中心“中国梦·健康梦”主题征文活动优秀组织奖；1997年被评为“茂名市一级学校”，1998年被评为“茂名市现代教育技术实验学校”，1999年被评为茂名市“美丽校园”学校，2010年被评为“茂名市校园文学先进单位”“茂名市优秀文学社”“茂名市德育工作先进学校”，2011年、2014年、2016年、2017年、2019年学校少先队分别被评为“茂名市红旗大队”，2017年5月“爱心小卫士”社团、“诗联兴趣班”社团分别被评为“茂名市优秀红领巾小社团”，2018年分别被评为“茂名市未成年人思想首先建设先进单位”、茂名市学生禁毒书画比赛“优秀学校”，2019年诗联兴趣班社团荣获“茂名市优秀红领巾小社团”称号，2019年5月被评为茂名市第三批“义务教育阶段特色教育学校”，2019年10月被评为茂名市文明校园，2020年在茂名市中小学体质健康抽测中荣获全市第三名，并被评为茂名市中小学体质健康测试评估工作“优秀学校”，2020年11月荣获茂名市“市长杯”足球赛“优秀组织奖”，2021年荣获茂名市小学生“红色主题阅读，传承红色基因”朗诵比赛特等奖，2021年5月分别荣获茂名市小学生数学素养展评活动优秀团体奖、茂名市第六届“中国移动–口语易杯”中小学英语听说素养展评活动优秀组织奖，2021年8月荣获茂名市“红色主题阅读传承红色基因”教育活动暨护苗工作站先进集体，2021年11月荣获茂名市少工委“红领巾奖章”三星章，2022年5月荣获茂名市第七届口语易杯中小学英语听说素养展评活动优秀团队奖。学校还先后获得电白县德育先进单位、电白县党风廉政建设工作优秀单位、电白县红旗团支部、茂名滨海新区巾帼文明岗、茂名滨海新区小学教育教学质量先进单位等300多项县区级荣誉称号。

二、师资队伍

办学以来，学校努力打造了一支精良的师资队伍。近年来先后培养全国优秀教师5人，广东省先进教育工作者4人，广东省教书育人优秀教师1人，南粤教坛新秀7人，广东省“星星火炬”奖1人，广东省优秀班主任3人，广东省骨干教师培养对象1人，茂名市“十、百、千名师工程”培养对象2人，茂名市名校长1人，茂名市名校长工作室主持人1人，茂名市优秀校长5人，茂名市先进教师、师德标兵、优秀班主任等50人次，县（区）级优秀校长、先进教师、师德标兵、优秀班主任等100人次。省级教师素养大赛二等奖3人，市级教师素养大赛一、二等奖20人次，县、区级教师素养大赛一等奖29人次，二等奖40人次。

三、优质育人

电城镇中心小学在办学中取得了丰硕的教育教学成果，培养了一批又一批优秀的学子。学校先后培育了邵咏、邵维乔、朱元昌、邵延惠、邵桐孙等儒学泰斗，许国锋、高群英、邵贞昌、区就宪、陈德滨、黎诚儒等革命先驱，吴兆奇、陈光宗、张慧谋等当代文艺界泰斗，邓经儒、黎天荣、高川若、邵若海、区鲤腾、杨绍森、王恒胤、杨绿、蔡得、黄文、冯春强等军、政、商及科技界翘楚。1985年杨海燕同学参加省少代会，潘乃瑞、陈向谊、占伟伟等4位学生被评为全国“好少年”，蔡启波等5位学生被评为省“学雷锋、学赖宁”积极分子。陈向谊被评为市“十杰”少年。1990年10月，陈向谊同学代表茂名市出席全国第三次少先队代表大会，并同江泽民、李鹏等党和国家领导人合影留念。1995年、1996年在全国数学奥林匹克竞赛中共有56名学生获奖。2017年、2018年严锐文、陈秋语等10位同学在广东省第四届、第五届、第七届、第十一届小联手比赛中分别获得一等奖、二等奖。2018年陈奕冰同学获得广东省第九届规范汉字大赛三等奖。2019年7月邵丽莎同学获得“2019粤港澳大湾区少年儿童画暨许钦松少儿创艺奖”少儿创意画金奖，陈榆秉、陈舒等11位学生分别获创意画铜奖、优秀奖、网络人气奖。2019年8月邓向扬、陈奕冰等5位学生荣获首届全国小学生毛笔书法大展优秀奖。2019年11月谢宇妍等7位学生分别荣获天才杯全国儿童画书法大赛金奖、银奖。2021年3月严诗淇同学参加广东省第二十三届“小联手”对联比赛荣获全省第一名。2022年4月严明浚同学参加广东省“从小学党史　永远跟党走”中小学主题教育活动“扣好人生第一粒扣子”征文比赛荣获三等奖。2022年5月陈梓曼、黄靖谣等5位学生的作品在《小作家报》发表并荣获小作家报社奖。近年来，学生在各类评比中斩获诸多殊荣，1人被评为“全国优秀少先队员”，4人被评为“全国好少年”，50人被评为“省优秀少先队员”，100多人被评为“市优秀少先队员”“市优秀班干部”等。孩子们在各级赛事中同样表现突出，国家级获奖40人次；省级获奖120人次；市级、县（区）级获奖更是不计其数。

四、发展展望

进入21世纪以来，电城镇中心小学的办学条件不断完善，教育教学成效不断提高，变化甚巨。在新时代的发展中学校以“培养具有家国情怀和国际视野的时代君子”为办学理念，以“传承电阳文脉，创建君子特色”为办学目标，以“自强、厚德、博学、笃行”为校训，并形成了“仁爱、信义、思齐、雅行”的校风，“严谨、善导、奉献、创新”的教风和“博学多思、知行合一”的学风。如今，学校凝聚了广泛的教育教学资源，创新了课堂教学方法与模式，推动了各项工作的全面发展，在新时期办出了新的亮点与特色。电城镇中心小学以弘扬中华优秀传统文化及电阳文化为核心，以家国情怀教育、社会主义核心价值观教育、八德教育、诗词歌赋琴棋书画兴趣教育、国学经典诵读等为抓手，形成了君子文化教育特色，既传承电阳文脉，又丰富教育内涵，提升了教育教学成果。在黄辉福校长的领导下，学校开办了足球、美术、书法、象棋、舞蹈、诗词楹联、朗诵、古筝等社团，丰富多彩的社团活动，为学校增添了活力，促进了学生综合素质的提高与发展，充分发挥了学生的主体作用，为学生的全面发展打下了扎实的基础。

电城镇中心小学（电城一小）共拥神电卫署、电白县文庙、电白县教谕署及莲峰书院四址，七百年来筚路蓝缕，桃李芬芳，薪火相传，弦歌不断。它是电阳文脉的发源地，更是电白历史、文化、教育的记忆和人才培养的摇篮，肩负着百年老校文化传承与发展的使命！

第三节　办学特色分析

在长期的办学实践中，电城镇中心小学形成了自己的特色办学之路，引领当代基础事业发展，真正实现了传统文化与现代文化的融合。

一、重视传统文化传承与发展

电城镇中心小学在办学过程中重视传统文化传承与发展，一方面是由于学校自身有丰厚的传统文化底蕴，另一方面是传统文化蕴含深刻的育人价值。

传统文化是一个国家和民族的精神和文化传承，包含着丰富的文化遗产和智慧。传统文化具有深刻的思想观和价值观，对于塑造学生的个性和品德、培养社会责任感和文化认同感具有重要作用。小学阶段是学生知识和品格形成的关键时期，他们开始接触和学习各种文化知识和价值观。在小学办学中重视传统文化，可以帮助学生更好地了解和认识本国的文化传承和历史，培养他们的民族自豪感和文化认同感。

传统文化并不意味着守旧和落后，相反，传统文化与现代教育理念和方法相结合，可以更好地培养学生的思维能力和创造力。在传统文化教育中，学生可以在思考和实践中学习，对于学生的综合素质培养和未来的发展具有积极意义。在办学中重视传统文化，可以让小学办学更加有特色和品质。传统文化具有丰富的文化内涵和历史背景，可以为学生提供更加丰富和深层次的教育资源，让学生在学校中学到更多的知识和文化素养。

小学办学中应该注重传统文化的传承和发扬，通过与现代教育理念和方法相结合，为学生提供更加全面和优质的教育资源。

二、积极进取提高办学质量

积极进取提高办学质量是学校特色发展的重要途径，也是对学生未来发展的重要保障。

提高办学质量的关键在于教师队伍的建设。学校应该注重教师的专业发展和素质提升，加强教师的培训和交流，提高教师的教学水平和专业素养。同时，学校也应该注重招聘和培养一批优秀的教师，形成优质的教学团队，为提高办学质量提供坚实的保障。

课程是小学教育的重要载体，也是提高办学质量的重点。学校应该注重构建丰富的课程体系，包括学科课程、综合课程、拓展课程等，让学生在学习中得到更加全面和充分的发展。同时，学校也应该注重课程的创新和改进，推出更加符合现代教育理念的传统文化课程，提高学生的兴趣和参与度。

办学质量的提高不仅仅是体现在学习成绩上，更重要的是学生的综合素质的培养。学校应该注重学生的综合素质的培养，包括思维能力、创新能力、合作能力、领导力等方面，让学生不仅学会知识，更要学会做人做事，成为具有社会责任感和实践能力的人才。

个性化教育是提高办学质量的重要手段。学校应该注重学生的个性化发展，推行个性化的教育，让学生根据自己的兴趣和特长进行选择和参与。同时，学校也应该注重教师的个性化培训和指导，让教师更好地了解学生的需求和特点，为每个学生提供更加个性化的教育和指导。

三、传统文化与现代教育理念相融合

在电城镇中心小学办学过程中，体现了传统文化与现代教育理念相融合的特点，既实现了中国特色传统文化育人，又培养了时代理念的新人。

传统文化是中华民族的精神财富，而现代教育理念则是全球教育发展的趋势。在融合传统文化和现代教育理念的过程中，需要注重传承和创新并重，既保留传统文化的精髓和价值，又结合现代教育的理念和方法，进行改进和创新，使其更加符合现代社会的需求和学生的发展需要。

传统文化注重学生的品德和个性培养，而现代教育则更加注重学生的综合素质培养。在融合传统文化和现代教育理念的过程中，需要注重学生的综合素质培养，包括学科知识、思维能力、创新能力、合作能力、社会责任感等方面，让学生得到更加全面和充分的发展。

现代科技的发展为传统文化和现代教育理念的融合提供了新的机遇和可能。在小学办学中，可以结合现代科技手段，如网络、多媒体等，使传统文化更加生动、形象、有趣，提高学生的学习兴趣和参与度。

传统文化和现代教育理念相融合，可以为学生提供更加丰富和深层次的教育资源，培养学生的综合素质，包括学科知识、思维能力、创新能力、合作能力、社会责任感等方面，让学生在学校中学到更多的知识和文化素养。传统文化是中华民族的精神财富，也是学生文化认同感的重要来源。通过传统文化与现代教育理念相融合，可以让学生更好地了解和认识本国的文化传承和历史，培养他们的民族自豪感和文化认同感。

第五章 5

中华优秀传统文化引领特色办学再认知

在中华优秀传统文化下引领特色办学，既符合当前教育改革要求，也契合了文化复兴的追求，同时还能够让学生感悟学习传承中华文化，真正实现文化育人的目标与追求。

第一节　文化传承与文化育人

小学是传承中华文明的重要阵地，是中华民族文化的宝库。在新时期，学生必须充分发挥这一重要资源，继承中国传统文化教育，将之变成自己的精神食粮。小学阶段的学生正是处在身体发展的关键期，因此这个年龄的学生往往有着浓厚的兴趣和旺盛的求知欲。老师在授课过程中要培养学生的主体能力，使学生积极地投入其中，这样不仅可以激发出学生的兴趣爱好，而且还能对学生产生积极的影响作用。

一、传统文化课程建设引导文化传承与文化育人

（一）优秀传统文化课程建设的必要性与意义

1. 促进学校特色发展的需要

学校特色是学校办学的灵魂所在，是校本文化的重要组成部分。在小学的课程建设中，要充分体现优秀传统文化的育人功能，使学生的个性得到全面的发展和发挥。

首先，要加强对教师思想政治方面的培养与教育。在小学的思政课程建设中，要注重对教学方法的改进与创新，以促进小学生的身心健康发展。

其次，增强传统美德的宣传力度，通过各种途径，如广播、报纸、网络等，向学生进行传统道德的传播和弘扬，使其成为一种精神力量，并将其作为一项基本的行为规范，形成良好的校园氛围。

最后，优秀传统文化的传承不仅仅靠学校的努力，而是需要全体师生的共同参与，因此在小学的思政课程建设中，应积极开展丰富多彩的课外实践活动，让广大的青少年感受到浓厚的学习气氛，从而自觉地践行优秀的传统

文化的内涵和精髓。

2. 促进学生全面健康发展的需要

我国正在努力建设社会主义文化强国，建设富强民主、文明和谐的国家。在小学阶段，培养学生的爱国主义精神和民族自豪感，使他们具有强烈的学习意识和创新能力，是我国教育发展的重要任务。

首先，在小学课程建设中，要充分体现中国传统文化的教育价值，通过对学生进行积极的熏陶，让学生认识到传统美德的重要性。其次，还要注重对学生的思想道德教育，使之形成正确的人生观、价值观，为今后的生存奠定牢固的基石。最后，还应该重视对学生情感方面的培育与引导，使其能够更好地适应社会的需要与个性的发展等。

因此在小学的课程建设中，应将优秀传统文化的渗透放在首位，并将其融入教学活动的各个环节，从而促进小学生的全面健康成长。

（二）推进优秀传统文化课程建设的策略

1. 将传统文化课程融入学校课程总体规划

首先，教师要让传统文化教育成为学校的一项必修课，并在课程中加入适当的教学内容，使学生认识到传统文化的意义和价值，以便于更进一步地掌握和了解传统文化的基本知识与技巧。

其次，在小学思政课堂上，教师可以组织一些具有发扬传统文化意义的活动，让小学生参与其中，如书法比赛、诗歌朗诵、放风筝等，使学生对中国的优秀传统文化有更深的认识和理解，不但可以调动学生的兴趣，而且还可以锻炼身体、陶冶情操，同时还可以训练中小学生的审美意识，培养其综合素养。

2. 改进传统文化课程实施方式

传统文化，是中华民族的灵魂和文明的源泉，是中华民族的瑰宝，在学校的思政课堂建设上，要充分利用好优秀传统文化，发挥其育人的功能和作用。在教学过程中，教师针对学生的年龄特征，并结合时代背景，对学习内容加以创新，让学生课堂上产生浓厚的兴趣并充满活力，使他们体会到学习的快乐。同时，还要注重对课后的评价方式，及时反馈给课后的同学。通过多种形式的活动让学生认识到自己的不足与优点，并加以改正。

例如，可以开展“你眼中的传统文化”主题的演讲比赛，组织全班交流、展示作品。这样不但可以提高孩子的表达能力，而且可以增强孩子的自信，增强团队意识。此外，还可定期举办“优秀传统文化进校园”的实践活动，如开展优秀传统文化主题讲座、传统文化黑板报、手抄报、观看传统文化影片等，这不仅能激发学生的爱国热情，培养责任感，也能使其形成良好的道德品质。

3. 增强优秀传统文化课程师资力量

小学生正处在全面发展的关键时期，是祖国未来的希望和主力军，是为祖国培育的后备人才。在这个时代，教育者需要加强对学生的思想政治教育，使他们成为具有高尚道德、良好心理素质的接班人。同时，要注重对优秀传统文化的继承和发扬，使其在传承过程中不断完善，形成自己独特的精神风貌。学校应将优秀传统文化渗透到教学活动中去，让学生能够从身边的事做起，从小就养成一种对传统文化敬畏的心。

教师也应当积极发掘教材内容的精华，将课堂理论知识和现实生活经验紧密结合在一起，从而引导学生了解中华文化的优良传统，进而形成正确的人生观和价值观。总之，在学校思政课程建设的实践中，要充分利用好优良传统文化，并充分发挥它的历史功能来增强中华民族的综合国力，为中华民族伟大复兴而奋斗。

传统文化是中华民族的文化瑰宝，蕴含着丰厚的历史意蕴与人文精神。在学校思政课程中，老师渗透了优秀传统文化教育的内涵，对学生的学习有着积极的促进作用。在教授过程中，老师也可以把优秀的传统文化教育精神融合在课堂教学中，让课堂更加生动活泼，让他们可以体会到浓郁的传统文化氛围，以此启迪自身的爱国热情，提高学生的综合素质。同时，学校还需要进一步加大对中华优秀传统文化教育活动的宣传推广工作，让学生了解并认识到我国的传统美德，提高民族自豪感，培养国家责任感，为我国的建设奉献力量。

二、教师基于传统文化理念推进文化传承与文化育人

文化自信是我们对于自身思想文化、价值体系的深切认同和肯定。在当

今世界文明的交流碰撞中，树立坚定的文化自信，是实现中华民族伟大复兴的重要基石。

教师，之所以被称为太阳底下最值得敬佩、最光荣的职业，是因为作为教师不仅是社会的一个普通公民，还是社会上层建筑领域的一名教育者、社会道德风范的传播者。教师的职业道德，反映着一个社会的精神文明程度。“为人师表”这四个大字，深刻蕴含了人民教师不但要有良好的公民道德，而且要有良好的职业道德、高尚的素质修养。

语文教师们对于传统文化的宣讲不应该只局限于课堂教学，它亦可以被设定在学生的课外学习中，甚至存在于学生生活的方方面面。主要内容包括：一是引导学生们细细研读经典先贤著作，其基本内容与课堂的教学相结合，达到知识形象化、深化的目的，从而提升学生们对于古文的实际运用能力；二是鼓励学生对于古文经典著作的研读，教师可以根据古文的难易程度做好科学的指导工作，从而促使学生通过古文品读活动不断提高其语文素养，加深学生们对于传统文化的理解。

古韵犹存、文脉绵长的校园，历史文化积淀深厚，传统文化元素丰富，值得我们永远珍视和保护，需要我们充分挖掘和利用。借助独特的校园文化，我坚信培育现代君子、育好时代新人的路子会越走越宽广！

中华民族几千年的优秀传统文化熠熠生辉，文学、艺术、建筑、医学、天文历法、科技创造，无一不彰显着中华民族文化的灿烂与辉煌。漫长的历史长河中，中华民族的人文精神积淀越见醇厚绵长。作为历史教学者，我们更加明白人文精神传承的重要性，更加注重对于学生人文素养和人文情怀的培养。那么我们可以从哪些方面入手呢?

（一）观历史人物，塑造独立人格

人格是人的性格、气质等特征的总和。学生独立人格的培养是人文精神培养的基石，从历史人物身上感知人格魅力，体会人文精神，从而塑造学生的独立人格。

从“匈奴未灭，何以为家”的霍去病到“精忠报国，莫须有致死”的岳飞，从“人生自古谁无死，留取丹心照汗青”的文天祥到“天下兴亡，匹夫有责”的顾炎武，从汉到宋，从宋到清，历朝历代的历史人物身上都凝聚着一种精神、一种信仰、一种人生价值，那是爱国精神、豁达胸襟、执着追求的人文精神的集中展现。人文精神的彰显，使他们名垂青史；人文精神的展示，使我们学习动容。从他们身上我们明白“英雄”的分量；从他们身上我们看到“大丈夫”的气概；从他们身上我们感受人格的魅力，这些都是我们培养和塑造人格的终极目标。

（二）探历史事件，培养改革意识

时代变革促进社会进步，社会进步又反作用于时代变革，从而带来盛世大治局面。

秦朝商鞅变法、北魏孝文帝改革、宋朝王安石变法、明朝张居正改革……从这些耳熟能详的历史事件中，都可以看见励精图治的统治者，为巩固自己的统治，恢复和发展生产所采取的政治、经济、军事、文化改革措施。这些改革措施集中呈现英明帝王身上锐意创新、打破成规的改革精神，改革措施的落实到位为国家政治上的清明、经济上的繁荣、军事上的强大和文化的发展提供了良好的前提，成为时代进步的标志，成为明君必备的标识。变革成为推动历史进步的车轮，变革成为推动时代向前的引擎，谁能主动变革，谁就能功成名就，名垂青史。

培养勇于改革、善于改革、创新改革的意识，把改革精神内化为一种文化气质，为社会培养领袖气质的大人物，从历史事件汲取养分就显得尤为重要。

（三）品历史文化，触碰时代脉搏

五千多年的文化遗产既在历史的长河里面金光熠熠，也在中华儿女的血液里面流淌不息，激励着华夏儿女自强不息、奋勇前进。

唐诗、宋词、元曲、明清小说，文化成就我们熟悉；造纸术、印刷术、指南针、火药、科技成就我们自豪；五铢钱、度量衡、交子、银票，敢为人先我们骄傲……但是，历史长河里面的珍珠不只是这些，还有一些我们平时未曾深究的文化气质。

民族瑰宝——中国瓷器。每一个朝代的瓷器都烙印时代气息，唐三彩的炫丽，彰显大唐的宏伟气度；元青花的靛青，展示大元的工美极致；明斗彩的斑斓，标示大明的工匠精神。每一个窑口的瓷器都独具个性品格，汝瓷的温润古朴、官窑的紫口铁足、哥窑的金丝铁线、定窑的柔润典雅、钧窑的一色万彩，每一个极致的瓷器都兼具多元内核，景德镇瓷器的白如玉、明如镜、薄如纸、声如磬。时代的特征融入瓷器里，文化的精髓沉浸于瓷坯里。不管是瑰丽的图案，还是苍劲的文字；不管是洁白的瓷胎，还是各异的形态；不管是民窑的实用，还是官窑的精美，都是传统文化深厚的积淀，都是文化自信、文化烙印的展现。如果你了解了每一个时代的瓷器特征，也就了解了那个时代方方面面的文化。瓷器既是一种器具，也是一种文化，闪烁其间的是人文精神的闪光点，是人文精神的一种集中展现。在器物里，感受传统文化魅力，赏析不同时代的人文精神闪光点，探究优秀文化传承，提升学生的审美能力，提升观察的广度和深度，培养学生的人文素养。

（四）析历史进程，体味哲学思想

哲学思想伴随着历史的发展在不断地进步、不断地演变，最终又融合汇聚，形成一个独具特色的“自我小体系”，融入我们的血脉里，变成我们观察世界、认识世界、理解和体会世界的思想。

冯友兰先生在《中国哲学史》中说过，中国历史进程里面有“天人合一”的宇宙观，人与天的和谐统一，才能够存在发展；“心无一体”的世界观，心对着物，物对着心，全息对应；“一元多元互补”的真理观，抽象地说是一元的，具体地说是多元的；“乐感文化”的人生观，儒家释家道家对于快乐的人生哲学都做了详尽阐述；“道德理想高于一切”的价值观，群体利益高于一切，和谐的人际关系和社会关系是群体利益实现的可靠保障。从历史传承的传统哲学流派里面，我们可以看见儒家的“仁”、道家的“无为”、墨家的“兼爱、非攻”、法家的“法治”。在实际生活中，我们也可以看到历法纪年、阴阳交替、五行相生相克、生肖属相等带有哲学思想的影子。

从古至今，不论朝代怎样更迭变化，还是历史潮流怎样风起云涌，时代都在不断进步，哲学思想也在不断融合、涤荡、升华、再融合，这些哲学思想已经变成我们传统文化的一部分，成为一种中国思想，变成一种中国智慧，演变为一种中国力量，成为我们文化自信的底气。我们踏着时代前进的步伐，汲取先贤哲人的智慧，用发展的理念去体会传统哲学里面的人文精神，培养伟大的人文情怀。

中华民族的祖先以其勤劳、勇敢、团结的民族精神，以其宽容、坚韧、自强的民族品格，以其开放、包容、融合的民族气度，创造了光辉灿烂的中华文明，这是我们民族最宝贵的文化传承，是我们进行人文精神教育取之不尽、用之不竭的文化源泉。社会的发展日新月异，时代的号角已经吹响，但我们依然可以在历史人物、历史事件、历史文化、历史进程中探究人文精神，孕育人文品格，做最具人文内涵的学习者。

三、引导传统文化回归并实现文化育人

传统文化更加注重对涵养的培养，在走向未来的道路上能将“仁、义、礼、智、信”的优秀品格传承好、贯彻好，将优秀的品质作为培养的宗旨，让我们真正成为新时代的新青年。缺少涵养、只顾学习的学生是不会适应当今社会发展的，因此，对传统文化的保护和传承是培养知书达理的新时代青年的必要环节，而传统文化回归校园、回归生活是必不可少的手段。“礼”是我们中华民族的传统美德，也是我国对国人日常行为的准绳。对于我们的小学生来说，文化的重要性不容小觑，在国家的层面都将文化建设摆在非常重要的位置，文化也是提升综合国力的必要手段。因此，小学生践行“明礼青年”，势在必行，小学生们应该用自己的脚步、用自己的知识来衡量文化的重要性，让传统文化真正回归我们的日常生活。

（一）传统文化回归校园、回归生活的现状

1. 传统文化回归校园、回归生活在小学校园推行力度不够大

学校作为一个大团体，是在教育部门的指导下进行工作的。中国传统文化的现代化在现在的核心素养教育和德育教育中已经普遍提倡开来，要想让传统文化回归校园就要让传统文化适应现代化生活并在校园中广泛推行。众所周知，教育部门经常是以下达文件的形式要求学校进行传统文化现代化的传扬，但是，只要没有最终的验收，那文件只是一纸空文，没有实践力。所以，推行力度的不足和没有相应的检查评价机制，造成中国传统文化回归校园的进程在小学学校中执行的力度不够大。

2. 传统文化回归校园、回归生活在小学校园推行范围不够广

中国传统文化是文化的精髓，传统文化的现代化是将传统文化进一步适

应现代文化的步骤。我们不难发现，传统文化的实行效果和范围往往是大家忽视的问题。很多大城市的小学校园早已开始推行传统文化回归校园、回归生活的具体活动，但是针对一些小城市的学校和农村、偏远山村等地的小学还未全面施展开来，因此，中国传统文化的回归在小学校园推行的范围还不够广泛。

3. 传统文化回归校园、回归生活在小学校园的重视程度不够

小学作为一个培养学生形成人格的关键时期，在传统文化和现代文化的交织中，以最强的生命力存在于小学生的学习、生活中。但是我们不得不承认，现在我们的家长都希望孩子能早日成龙成凤，更加注重学习这一层面的文化，而缺失了关于其他优秀传统文化回归生活培养方面的要求。因此，学校、家长都更加注重我们的学业知识和艺术特长，往往忽视了对传统文化的回归性培养。

（二）传统文化回归校园、回归课堂、回归生活在小学施行的方法和途径

1. 传统文化回归校园

学校作为传播知识的一个载体，要做到将传统文化赋予现代化含义并回归校园和生活，在学校中形成“知书达理”的浓厚氛围。首先，我们要跟随学校的脚步，让传统文化现代化走进学校，不仅要氛围浓、进度跟上，还要用我们每一个人的力量传扬好。其次，也要积极参加学校举办的以“中国传统文化回归校园和生活”为主题的演讲比赛、小品大赛或者游戏，将“传统文化”的观念深入人心，更要在学校中创设一种“尊师重教”“以礼待人”的氛围，将学校的氛围创设得更加浓厚。

2. 传统文化回归课堂

我们可以通过班级的班会，将身边的温情故事、优秀事迹进行分享，将更多讲文明、树新风的优秀事迹分享给身边的同学，还可以将自编、自导、自演的情景剧展现在同学面前，相互学习，共同进步，从而做到让传统文化走进我们生活中的点点滴滴。

3. 传统文化回归生活

亲情是永远割舍不掉的情谊，更是培养我们“明礼达信”的最初温床。我们可以自发制作“亲人档案”，里面记录好亲人的生日、喜欢的物品、爱

吃的美食、需要哪方面的帮助等内容。

当我们有意识地记录下家人的需求时，就会变得有意识地去关心家人，替父母每天分担一件家务、外出时和家人道别等小小的行为习惯就能贯穿我们的一生，也是传统文化现代化产物伴随我们一生的财富。还可以自发组织每周进社区义务劳动一次，在社区服务中接触社区领导和社区居民，主动与长辈打招呼。在与大家交流时要文明用语，将文明礼仪之风在社区中传扬。

总之，我们应该正视和继承传统文化优秀的部分，取其精华，去其糟粕，让传统文化在小学生教育中真正做到回归校园、回归生活。作为新一代的小学生，应该具有时代的眼光，看清时代文化精神的重要性，传承传统文化中的精髓，将传统文化中的精华进行传承与创新，在我们的生活中践行。

四、推动国学育人

国学是中华传统文化中的重要部分，也是文人先贤留给我们宝贵的精神财富。而德育当从娃娃抓起，借鉴国学经典、国学篇章拓展德育内容，能够起到事半功倍的教学效果。小学应学习传统文化、国学经典，养成端正的行为规范、良好的思想品德，为今后升学做好基础准备。就我们多年教学经验所得，当从日常德育工作中寻求突破，以德为行，以学为上，将“双减”背景下的国学育人发挥到极致，有效提升小学生综合能力与素质。

（一）国学育人的价值体现

1. 以文化人

以文化人，以国学经典育人，小学生学习《三字经》《弟子规》《增广贤文》《论语》，传承中华传统文化，提升文化素质、国学修养，极大程度上丰富了核心素养教育内涵。朱自清先生曾说，经典训练的价值不在实用，而在文化。那么，文化认识从“娃娃”抓起，在启蒙教育、基础教育中糅合国学经典篇章，能够为其埋下向文人先贤学习的种子，在生活、学习中践行中华传统美德。这也将是小学生一生受益的财富，以文化人的关键也在于此，日常教学中升华德育、美育，学生吸收国学经典之内涵，从诵读经典过程中吸收营养，提升文化品位，提高综合素质。

2. 诵读经典

国学经典篇章多以短句的形式出现，因而读起来朗朗上口，十分容易记忆和背诵。小学生反复诵读经典篇章，理解能力、表达能力、思考能力必然取得进步，也能够在难度不断增强的文化学习中达到更高境界。此外，小学生诵读国学经典篇章能够达到知行合一的教学效果，学生在国学文化熏陶下有了更进一步的成长。童年时期，每一个孩子的记忆力都是不容小觑的，都说孩子的记忆“多记性，少悟性”，而诵读经典在于增量，能够增强小学生国学经典篇章阅读量、学习量，厚积薄发，以学为上。诵读经典，国学育人，是“双减”政策实施下的德育创新办法，日常教学、课外拓展中渗透国学经典内容，有助于丰富小学生内涵，提升德育教育质量。

（二）“双减”背景下小学国学育人实践策略

1. 日常德育工作渗透国学经典

日常德育工作中渗透国学经典，以文化人，将文字诠释为行动与表现，才能够体现出国学经典在德育中的价值。当学生早读迟到了，本应是诵读古诗词、文言文、课文的时间，学生却没有真实参与，更没有乐在其中。这时，教师就可以强调“朝起早，夜眠迟，老易至，惜此时”，让学生为自己的行为感到羞愧，能够及时调整自我状态，参与下一步学习计划。当学生取得好成绩而骄傲自满时，本应规划好下一步学习计划，进行查漏补缺、知识巩固，却没有做到虚心学习。这时，教师就可以强调“三人行，必有我师焉”，让学生认识到自己的能力水平，戒骄戒躁，不懈努力。日常德育工作中的国学经典渗透方法还有很多，早读、课内外阅读等都是非常好的方式，将能够起到事半功倍的教学效果。

2. 借鉴国学篇章培养行为规范

众所周知，国学篇章经典流传，是小学生学习的典范，也是启蒙教育的首选书。它们朴实无华，用简洁通俗的语言诠释人生哲理，引导阅读人坚持不懈，而厚积薄发。《三字经》以通俗的文字将中华文化融会贯通，十分适合小学生诵读。《弟子规》中讲述丰富的故事，或孝顺父母，或谦虚做人，以生动有趣的故事内容吸引人，同时以丰富的故事内涵育人，也十分适合小学生。《论语》记录了孔子及其弟子的言行，具有深刻的内涵哲理，虽稍显晦涩，但在德育教育方面有着不可撼动的地位，非常适合启蒙教育、基础教育。此外，古诗词、文言文等也具有一定德育意义，它们不仅仅是中华文化的积淀，更是现代德育教育中可借鉴、可采纳的部分，教师当再开发和利用，糅合国学经典篇章规范小学生日常行为。

五、传统文化校本课程育人

青少年是国家建设的主要力量，而小学则是我国基础教育的起步阶段，所以在小学开展与中华优秀传统文化有关的校本课程，对于小学生的成长与发展起到至关重要的作用。

（一）校本课程在学生成长中发挥的作用

校本课程是基于学校现有资源开发的，是学校与学生共同参与的活动课程。从本质上说，校本课程是学校与学生共同创造出来的一个项目。

其目的在于：一是通过校本系列课程的学习，使师生初步形成基本理念，激发学生的传统文化兴趣，养成热爱中国悠久文明的民族情怀；二是将学习优秀民族传统文化与培养师生的民族情感、民族自豪感结合起来，使学生体会到中华民族博大精深、源远流长的中华民族精神所在；三是为学生提供了解中国历史和中华灿烂文化的途径，促进师生间情感交流与心灵契合；四是能培养学生爱国情感与民族自豪感，教师通过介绍传统文化名篇名句的方式，进一步激发学生继承和弘扬中华优秀传统文化信念，培养更多德才兼备而又具有良好人文素养、创新精神以及实践能力的人才，以此为推动学生全面发展奠定良好基础。

（二）传统文化教育主题校本课程开发实践的路径

1. 明确活动课题

在传统文化校本课程实践活动开展中，必须确保主题明显，始终围绕传统文化教育而展开，选择学生活动主题时必须契合学生实际，考虑到学生现有的生活状态和发展诉求，将传统文化教育与学生日常发展借助校本课程融合在一起。在传统文化校本课程主题活动的设定上也要考虑到健康性、积极性，不要搞拿来主义，要善于分析与判断，只有取其精华，去其糟粕，才能让传统文化校本课程实践教育契合当前的教育实际和学生的文化学习诉求。

2. 确定课程目标

校本课程也有较为明显的课程目标，而课程目标与育人目标是一致的。在传统文化校本课程实践教育目标的确定中，可以采取分步走的战略，先制定教育的总目标，再下设具体的分目标，在目标设定时要充分考虑到课程纲要目标设定标准，考虑到核心素养视域下的人才培养目标。让传统文化校本课程的开发与实践活动的开展都服务于教育教学，服务于学生核心素养的提升，契合素质教育改革的目标。

3. 确定教材开发比例

在传统文化校本课程开发与实践活动的安排中，必须合理设定教材开发的比例。传统文化主题校本课程与学生现有的专业课程学习应该有合理的比例分配，既能保证不至于给学生造成较大的学习压力，也能确保传统文化的教育深入人心。在传统文化主题校本课程教材比例的设定中应考虑到现有的教育纲要的要求，关注学生认知规律，在设计时遵从综合实践活动部署的思路，尽可能地让教材比例科学合理，占比较少，但素材浓缩。

4. 传统文化校本课程开发

以传统文化为主题的校本课程在开发前需要做相应的准备工作，教师先进行省市调研分析，确定大范围的编写主题，如爱国主义教育模块、传统习俗教育模块、非遗教育模块等，以此作为校本课程具体编写的范围依据。结合中小学综合实践指导纲要，立足学校实际进行校本课程大模块的编写，在编写完成后由专家进行审读、反复修改，最终定稿。领导小组应将设计好的教材体例、梯度表等进行讲解分析，于编写小组内分配模块编写任务，补充内容，在多次调研探讨后及时修订补充，最终推出完善的校本课程。结合校本课程编写与实际设定相应的综合实践活动。

（三）基于“双减”背景下的小学传统文化校本课程开发策略

1. 提高教师对中华优秀传统文化的认识与研究水平

中华优秀传统文化博大精深、源远流长，蕴含着丰富深刻的教育资源。教师在挖掘中华优秀传统文化资源构建校本课程时，首先需要加强对中华优秀传统文化的学习与研究，取其精华，去其糟粕，选择传统文化中最可靠、最有价值、最具时代性的传统文化知识作为传统文化校本课程体系建设的基础知识。教师作为校本课程的开发主体，在课程体系的构建过程中，应该进行广泛深入的学习与培训，在前期学习的基础上精选中华优秀传统文化中适合开展教育教学的内容，进行深入研究与归纳整理。针对小学生身心发展特点对教学内容进行筛选和结构调整。再综合考虑本地区的实际情况，如学生的前期学习情况、学校师资力量、其他教育资源等，挑选适合在当地开展的中华优秀传统文化教育资源，制订教学计划，探究中华优秀传统文化与教育教学工作相结合的路径。

2. 以学生发展核心素养为指导，构建中华传统文化校本课程体系

《中国学生发展核心素养（2017年）》指出："中华优秀传统文化具有深厚的民族文化底蕴。"将中华优秀传统文化融入学校教育教学之中，是以学生发展核心素养为指导，其内涵主要是指以人为中心，由个体意识、价值观念、情感态度和行为规范等构成的精神层面的价值观。中华优秀传统文化以"立德树人"为根本任务，具有强大生命力，是当代中国文化中最有影响力、最具竞争力的文化。将传统文化与思想道德、教学科目的核心素养有机融合，将能够更好地凸显理念教育的多元性，同时还可以通过整合社会实践活动以及德育专题讲座等方式，进一步促进中华传统文化的渗透。

3. 充分发挥学校传统文化工作机制的作用，营造良好文化氛围

目前，学校传统文化的工作机制基本是学校的教务处以及课后服务办组织，各年级组牵头，各班级协同开展，共同促进学校传统文化的开展。家长委员会负责日常开展传统文化工作，根据"从娃娃抓起"及"从小培养""不忘初心"等方针，制定学生传统文化教育目标、措施、内容。

4. 开展实践教育活动，校本教育鲜活生动

在传统文化校本课程的开发中除了开发静态的课本，也要开发动态的课本——实践活动。让学生积极参与到传统文化专题学习中、实践互动中，使得校本课程鲜活生动，极大地调动了学生课程学习的积极性。例如制订学生传统文化校本社会实践活动方案，组织学生寒暑假参与志愿服务，参与传统文化社会实践等。如以传统红色文化弘扬为主题的社会实践活动实施中，可以让学生参观红色基地、了解革命伟人、触摸革命遗迹、进行红色研学等，让学生传承红色基因，感悟家国情怀。或者组织学生参与志愿服务、参与手工制作、参与非物质文化遗产的传承等，让学生走进传统文化，感悟传统文化，让传统文化校本教育变得鲜活生动。

除了学校组织引导发起一些传统文化校本课程实践活动外，也可以鼓励学生成立社团，去传承传统文化，让学生不仅是传统文化的学习者，也是传统文化的传承者与传播者，让学生站在文化传承的角度赋予传统文化鲜活的生命力。

第二节　基于传统文化构建校园特色文化氛围

让优秀传统文化走进校园是落实立德树人的根本任务；是教书育人、文化育人的必然选择；是夯实学生的世界观、价值观和人生观的重要基石；是固本、铸魂的教育，是核心素养教育的根本。

一、优秀传统文化与校园文化融合的必要性

校园文化彰显的是学校整体精神与价值取向，是拥有强大指导育人功能的教育资源。环境以其潜移默化的方式感染人、影响人，人的精神在耳濡目染中受到陶冶。一位哲人说过："对学生来说真正有价值的是他周围的环境。"校园文化环境能直接给师生以教育冲击力。"近朱者赤，近墨者黑"，舒适、优美、安静、整洁的学习、生活环境，能够影响生活在其中的每一个学生，作用巨大时间久远，比简单的说教效果更为理想，它是种无声的教育，不仅可以陶冶学生的情操、激发学生对美的向往，还可以培养学生良好的道德品质。中华优秀传统文化是中国人的文化基因，是中华民族凝聚力的坚实根基，是社会主义核心价值观的重要源泉。近年来，党和国家高度重视中华优秀传统文化的弘扬和传承。学校是传承与完善中华优秀传统文化教育的主阵地。在学校开展中华优秀传统文化教育并融入校园文化环境建设刻不容缓。

（一）文化传承的需要

中华优秀传统文化是中华民族价值观念伦理规范的重要反映，影响着一

代代的国人。只有将中华优秀传统文化与校园文化进行结合，才能够让学生树立文化自信，继续担负传播中华优秀传统文化的重任。

（二）校园文化建设的需要

良好的校园文化构建离不开中华优秀传统文化的渗入，只有深耕于传统才能够在校园文化建设过程中借鉴丰富的思想资源以及文化内涵，让校园文化更加有深度，从而让学生受到潜移默化的影响。

（三）学生发展的需要

中华传统文化具有几千年的历史，作为中华民族宝贵的精神财富，其所蕴含的哲理以及行为规范，能够让学生在学习的过程中形成对自身思想价值观的督促，利于学生的健康成长。

由此可见，传统文化融入校园文化有积极作用。首先，能够丰富校园文化建设的内容。优秀的传统文化是中华民族发展历史上积累并传承至今的重要文化内容，涵盖的范围是非常广泛的，从语言习惯到思想观点再到情感认同等角度，是整个中华民族价值观念的凝练以及思想品格的引导规范。将其与校园文化建设进行有机结合，能够有效地拓展校园文化建设的方向，丰富校园文化建设的内容，为学生营造出更加和谐的校园文化环境。其次，能够辅助学生文化自信以及爱国精神的培养。在中国经济一体化进程日益加速的大背景下，中华优秀传统文化教育与现代校园文化建设的融合发展，不但给学校表现出了中华民族的精神财富，更形成了学校人文自信意识的基本框架。同时，在优秀传统文化的引导下，学生对于祖国的发展进步形成了更加全面的认知，启发了学生的爱国之情。

二、传统文化在校园文化建设中的现状与问题

（一）受到外界因素的影响

20世纪初期，外国列强在我们国家的土地上烧杀抢掠，给我们国民造成了很大的心灵创伤，导致很多中华儿女甚至已经对我们中华民族的传统文化产生了质疑。一些先贤为了使我们的国家不再因为落后而受到列强的欺辱，他们将传统的学制进行改革，开始学习外国先进的科学和技术，虽然这种新文化的运动拯救了我们的民族，但是也减少了对传统文化的教育。中华人民

共和国成立后，我国的教育体制逐渐完善，同时也将传统文化带进了校园中。然而，传统文化在校园中开展得并不顺利。20世纪80年代，我国政府提出了改革开放的国家政策，一些西方的文化源源不断地涌入了我国，对我国的传统文化进行了第二次的冲击。甚至有些人认为中国的传统文化既保守又封建，与国外的文化相比差距实在是太大了。这同样对推崇我国的传统文化造成了不利的影响。

（二）认识不到传统文化的重要性

学生在进入小学阶段以后，学习压力会越来越大。教育部门和学校看重的是学生的升学率，而学生和家长看重的是能不能取得理想的成绩。这两种思想都会促使学生将所有的精力都放在考试科目上，从而忽略了对传统文化的学习。甚至还有些家长认为，学生学习传统文化根本没用，进入社会以后慢慢就懂了，正是因为这种偏激思想的存在，使传统文化在校园中一直没有得到顺利开展。

（三）受到学校领导的限制

现如今，我国很多中小学都是由校长全权负责管理，无论是学校的发展还是规划都是根据校长的理念进行。因此，校长的教育理念会影响整个学校的教学理念。校长的观念左右着学校的发展方向，有些中小学的校长觉得传统文化已经落后了，是否渗透在校园文化中并不重要，学生的时间有限，与其开展传统文化教育，还不如将时间留给那些基础课程。还有一些中小学的校长，为了提高学校的升学率，连学生的音乐课程和美术课程都让基础课程占用，虽然这些艺术课堂还依然停留在课程表上，也仅仅是为了应付教育部门的检查。除此之外，还有一些学校虽然开设了与传统文化相关的课程，也只是找兼职教师开展教学活动，并没有聘请专业的教师，这些都是限制传统文化进入校园的影响因素。

（四）盲目推崇传统文化，不懂得取其精华，去其糟粕

有许多教师在进行校园文化建设时，容易照搬中华传统文化，在此过程当中，不懂得与时俱进、开拓创新，只会将传统文化原封不动地“搬移”到校园文化建设当中。这种情况非常不利于校园文化的建设，还会对中华传统文化造成一定的消极影响。同时，教师在为学生进行相关方面教育教学时，同样会出现盲目推崇中华传统文化的现象，认为中华传统文化都是优秀的，这样便会出现物极必反的现象，容易使封建主义思想得到发展，不利于中华传统文化的有效继承以及校园文化的建设。

（五）教师为学生进行相关传统文化教育只注重表面

教师在为学生进行有关中华传统文化教育教学时，只是将书本上的知识直接讲述给学生，不考虑学生的接受能力、消化情况。同时，在教学模式方面不懂得创新，运用传统的教学方式为学生进行授课，久而久之会使学生产生厌学心理，对其传统文化方面的教学内容不感兴趣，教师激发不了学生对中华优秀传统文化的热爱之情。除此之外，教师只是简单地为学生传授有关传统文化的知识，然而，学生却不理解真正传统文化的内在含义，从而导致他们不能够对传统文化相关知识进行有效吸收，对校园文化建设产生不利影响。

（六）不能够很好地将传统文化融入校园文化建设当中

随着时代的变迁，人们对中华优秀传统文化的了解越来越少，使得中华优秀传统文化正在渐渐被人们遗忘。许多传统文化方面的专家、学者没有机会进校园为学生传授传统文化的相关知识，教师在传统文化方面没有安排良好的教学内容，导致学生对传统文化的接触少之又少。另外，小学的学生年龄较小，在文化课领域不感兴趣，课程以职业课为主，进而导致他们不能够很好地学习、了解、继承中华优秀传统文化，使传统文化不能很好地融入校园文化建设当中。

三、优秀传统文化与校园文化环境融合的有效策略

（一）加强校园文化“静”环境建设

优秀传统文化虽然属于意识范畴，但并不意味着在传统文化弘扬过程中的实体要求不高。但是在实际的校园文化建设中，大部分的学校虽然重视优秀传统文化的弘扬，但是相应的配套设施并不完善。为了更好地发挥出优秀传统文化对于学生精神浸润的作用，学校和教师可以根据日常教学过程中涉及的传统文化内涵设立相应的基础设施。譬如小学语文教材中出现的“狼牙山五壮士”等人物形象，本身人物形象背后蕴含的革命精神以及舍己为人的

奉献精神是非常丰富的。立足于现代与革命年代之间的时间跨度，为了更好地弘扬这样的传统文化，可以在校园中设立“五壮士”的人物雕塑，或者在宣传栏张贴人物海报，使得学校的基础建设成为学生深入理解传统文化内涵的帮手。

充分利用校园的每一个角落，通过创造性的合理建设，拥有“一砖一石会说话，一草一木能育人”的动人场景。发挥其教育功能，提高校园环境的教育效能。

可以利用教学长廊、橱窗、院墙等空白处，张贴、悬挂校训、校风、校纪、名人画像、名人名言等。在花草树木中安插环保警句，开展创建“绿色班级”“绿色寝室”“绿色办公室”等竞赛活动。教师是实施环境建设的主要力量，教育学生从身边小事做起，从一点一滴做起，不随地吐痰，不乱扔垃圾，不践踏草地，不破坏树木，节约每一滴水，不浪费一张纸。

做好班级文化建设工作，补充完善墙体文化，在班级里进行废物回收和废物再利用竞赛活动，利用黑板报等知识性栏目，拓宽学生的视野，提高他们的修养，培养他们的自信心、上进心。

（二）课堂教学加强文化传承

学校可开设与中华优秀传统文化有密切关系的德育主题课程，如经典诵读、传统节日、国学经典课程等。从古圣先贤留给我们的积淀了几千年厚重文化底蕴与人生智慧的一册册书卷中汲取文化营养。让学生对久远而晦涩的经典感兴趣，认同传统经典，培养文化信仰。

（三）社团活动感受文化魅力

结合优秀传统文化教育实际，以社团活动为阵地，成立书法、戏剧、汉服、国学、舞蹈、武术、剪纸等学生社团。通过丰富多彩的社团活动，积淀文化底蕴，感受优秀传统文化魅力，促进学生向多元化、个性化发展。

（四）实践活动体验非遗文化

中小学阶段的学生正处于自身成长进步的关键时期，由于自身知识储备相对浅薄，很多时候对于优秀传统文化的内涵理解是一知半解的。为了进一步调动学生学习优秀传统文化的积极性，可以由学校牵头，不定期地举办各类与传统文化相关的校园活动，包括中秋节诗歌朗诵、清明节扫墓活动等，在多姿多彩的校园文化活动的开展中，通过一点一滴的熏陶和融入中国传统文化，为整个学校创造出更为深厚的传统文化氛围。在平时的课程教学中，老师们也应该以课堂教学为依托，让学员们在上课中就与自身对中国传统文化的认识展开互动，从而达到在思维认知眼界等方面的全面开放。譬如在学习《北京的春节》这篇文章时，为了让学生对于作者在文章表达中渗透出的思乡之情更加地感同身受，教师可以组织学生以“家乡过年的习俗”为主题进行交流互动，在你一言我一语的交流中，学生脑海中家乡的春节有了更加清晰的轮廓，同时勾起了学生对于家乡的热爱。在这样的学习和交流过程中，学生对于传统文化的内涵以及意义形成了全新的认知。随着学习的深入，整个校园洋溢着浓厚的传统文化氛围。

中华优秀传统文化博大精深，所涉及的方面非常广，可以让学生在接触非物质文化遗产的过程中，实现传统文化的渗透教育。例如，教师可以邀请版画、年画等非物质文化传承人到学校进行相关的讲座，让学生能够和这些非物质文化传承人进行交流，并学会制作。学校也可以和当地一些民俗风情进行结合，可以是戏曲、饮食、服饰等方面。通过开展课外实践活动，使学生能够在了解当地传统文化的基础上，拓深对历史知识的认知，发展自己的兴趣爱好，并在实践的过程中对中华优秀传统文化有更深层次的理解。

（五）成果展示激发文化动力

搭建展示中华优秀传统文化的舞台，激发学生热爱、学习和继承中华优秀传统文化。①通过宣传阵地展示。在校内设立专门橱窗，常年展示学生绘画、剪纸、手工等优秀艺术作品。②通过大型活动展示。利用每年的传统文化艺术节、校园开放日、技能节等校园节日，进行优秀传统文化节目展演，增强学生参与活动的兴趣。

（六）以传统文化为基础，创新校园文化建设

当前阶段我国中小学校园文化主要由传统文化和外来文化组成，但是不同文化形式在融合过程中的碰撞是非常明显的。随着我国教育领域改革进程的深化，对于传统文化的重视程度不断提升，但是随着时代的发展，传统文化与现代校园生活之间的差异是非常大的，因此在日常的校园文化建设中要有意识地在传统文化的指引下创新校园文化建设，创设出更具时代特色的校园文化。比如当前阶段很多中小学学校强调学生要见义智为，与传统文化中的见义勇为有着明显的差异。这样的创新不仅更加符合当今社会的特征，更让学生在历史传承的基础上感受到了时代的创新，对于学生整体认知的提升是非常有帮助的。

四、传统文化融入校园文化的思考

中华民族有着悠久的文化传统，在每个中华儿女的身上，都有我们民族的心理沉淀和精神烙印。在校园文化建设中，我们应该汲取传统文化的精华，丰富校园文化的内涵，在新的历史时期，敢于创新，更好地促进校园文化的建设。文化育人于无形，立德树人于点滴。文化建设并不是一蹴而就的，中华优秀传统文化融入学校文化环境是一个持久浸润、不断改进与探索的过程。要在校园文化环境建设中多维度地传承传统文化的广度、深度，促进优秀传统文化与校园文化的有效融合，让文化自信植根于学生的内心，培养学生情操，塑造学生健康的人格，全面提高学生的综合素质。

（一）“亲其师，信其道”——构建和谐民主的课堂师生关系的校园文化

那么，怎样才能建立和谐民主的课堂师生关系呢?

首先，要求教师要具有较高的师德修养。“师者，人之楷模也。”“影响人的因素是多方面的，在诸多因素中，最重要的是教师。”教师的楷模形象对学生的教育作用巨大，“言有教，动有法”。张载要求教师言行举止都要对学生有教育意义。教师应行为正直、仪表端庄、衣着整洁、言语文明，让学生觉得可亲可敬。其次，要求学生要尊敬教师，勤学守纪，只有在此基础上，才能建立起和谐的师生关系，出现乐教乐学的生动局面。最后，教师要有目的地引导同学克服嫉妒、自卑、自傲、自私的不良心理，提倡同学间团结友爱、互相尊重、互相帮助、互相督促、共同提高，同时要重视学生的心理疏导，引导学生建立宽松健康的人际关系。

（二）“藏息相辅”——建立、鼓励和培养学生个性特长的校园文化

校园文化活动是校园文化建设的重要内容。学校教育的最终目的是为社会培养大批有知识、有能力、有良好人格和个性的人才。相对而言，课堂教学是一种共性的教育活动，而校园文化活动是课堂教学的延伸与补充，是课

堂教学之外对学生实施的各种有意义的教育活动。通过各种课外活动，挖掘学生个体的潜在能力，充分认识自我，克服心理障碍，增强自信心。并能激发学生广泛、强烈的好奇心，培养学生健康的审美趣味，增强学生维护美、创造美的立美意识则可以更充分地使学生施展才华、发展个性。培养学生动手动脑和想象创新能力。

我国古代教育中也有这方面的深刻的阐述。如《学记》中提到的“藏息相辅”原则。所谓“藏息相辅”原则，也就是课内与课外、劳与逸相结合的原则。《学记》认为课内是在规定的时间传授正课，“时教必有正业”；课外应有休息、游戏和作业，“退息必有居学”。《学记》还认为，正课固然重要，课外活动也是不可少的。因为课外各种有益的活动，不仅可以成为辅助正课的一种手段，而且可以引起学生对正课的兴趣，加深对正课的理解。如果课外不学“操缦”（杂曲）、“博依”（歌咏）和“杂服”（洒扫）等技艺，课内就学不好“弦”（即乐）、“诗”和“礼”。因此，必须要求学生做到课内和课外相结合，劳和逸相结合。

（三）“蓬生麻中，不扶自直”——建设高品位育人环境的校园文化

研究与实践证明，良好的校园环境文化对学生的发展有着巨大的影响作用，有着良好的德育功能，这主要表现为他能通过外部环境促进学生的内心世界变化，这也就是我们常说的“隐性教育”。

中国古代哲人，对环境文化的作用早已认识并有充分的论述。从孟母三迁到孟子的“近朱者赤，近墨者黑”“与善人居，如入芝兰之室，久而自芳也；与恶人居，如入鲍鱼之肆，久而自臭也”就是讲的环境对人的影响。以及荀子强调的“蓬生麻中，不扶自直”“白沙在涅，与之俱黑”等事例都从不同的侧面说明了这个道理。王夫之还提出，如果想改造人们的思想意识，使之成为善良的人，就必须改造环境；如果全国的环境都得到了改善，那么全国所有的人都会变成善良的人。

这些思想都是很有积极意义的。学校的校容校貌等外在形象是把学校形象传播给社会公众的显性视觉对象，它是体现一所学校是否高品位的外在表现。因此，校园环境文化建设，不仅是使校园的环境更加秀丽，而且是把学校的育人理念、人文关怀渗透到校园整体环境中，使学校师生保持蓬勃向上的精神风貌。

（四）“不以规矩，不成方圆”——创建以学生为主体的养成教育的校园文化

校园文化教育应内容丰富、形式多样、符合学生兴趣的特点，这样才能创造性地发挥其个性品质、完善其人格、培养其才干。怎样在校园文化建设中贯彻学生的思想品德，行为习惯的养成呢？

在我国思想文化史上长期居主导地位的儒家学派，极其重视礼教。孔子强调“不学礼，无以立”“道之以德，齐之以礼”“不以规矩，不成方圆”，就是说道德教育和礼貌教育对于提高人的文明程度都是不可缺少的。我们要充分认识到人的礼貌水平，反映人的道德水平和文化修养。

这就要求在建设校园文化时，力求创新，加强校园文化的育人效果，以期提升学校整体品位。屯城镇中心小学在培养学生道德水平和文化修养时，力求创新，让学生自主自律做主人，正如陶行知先生所说的“学生结起团来，大家学习自己管理自己的手续”。“养成他们自己管理自己的能力。”“学生自治，不是自由行动，乃是共同管理；不是打消规则，乃是大家立法守法；不是放任，不是和学校宣布独立，乃是练习自治的道理。”

（五）“仁者爱人，智者知人”——建设体现人文关怀和道德情感的校园文化

在校园文化建设中，要以人为中心，突出人的发展，把教育与人的自由、尊严、幸福、终极价值紧密联系起来。以人为本的根本目的在于对人性的呼唤和尊重，最广泛地调动广大师生的积极因素，最充分地调动广大师生的创造活力，最大限度地发挥广大师生的主观能动性。

古今中外的教育家对师爱都曾作过深刻的阐述。《管子》对教育的“树人、育人”方面的作用就有一个十分明确的认识。《权修》篇说：“一年之计，莫如树谷；十年之计，莫如树木；终身之计，莫如树人。一树一获者，谷也；一树十获者，木也；一树百获者，人也。”人们常说的“十年树木，百年树人”即源于此。这不仅强调了树人的长期性及其重要意义，而且还充分肯定了“树人”将会带来巨大的社会效果。这种对教育作用的深刻认识，至今仍放射着璀璨的光芒。孔子被后世尊为“至圣先师”“万世师表”，他将毕生精力贡献于后一代的教育工作，他敏而好学，具有丰富的实践经验，重视道德修养，是一位尽职的好教师。他回答子贡的提问时说："圣则吾不能，吾学不厌而教不倦也。"他也曾在学生面前评价自己说："若圣与仁，吾岂敢。抑为（学）之不厌，诲人不倦，则可谓云尔已矣。"孔子说："爱之，能无劳乎，忠焉能无悔乎？"对学生的爱和高度负责，正是他诲人不倦教学态度的思想基础。

总而言之，学校应把建设"和谐校园"，构建开放、民主、和谐、进取、创新的学校文化，全面提升学校的文化品位，促进学校的内涵发展，作为奋斗拼搏的自觉目标，学校本着"以人为本，以和为贵"的中国文化的基本精神，从儒家教育思想中（仁义、中庸、修身、礼乐、和为贵、存心养性、教以人伦等）汲取精华，去伪存真，结合实际，勇于发展，大胆创新，就一定能在校园文化建设中开创一片新天地。

五、多维度推进校园文化建设中的传统文化传承

传统文化在小学校园文化建设中发挥着重要的不可或缺的作用，这主要表现在传统文化与校园文化是相互补充、相互渗透的关系，而非对抗分裂的关系上。校园文化与传统文化的有机结合，一方面可以通过在校园文化中渗透传统文化，使校园教职工以及学生深入把握我国优秀传统文化的历史价值及现实意义，可以极大地增强学生们的民族文化自豪感与自信心，推动以爱国主义为核心的民族精神在校园中扎根发芽并蓬勃成长。另一方面，在校园文化建设中渗透传统文化的继承，可以很好地提升学生的文明素养，为学校开展思政教育提供了许多生动鲜活的历史典例，优秀且独具魅力的文化艺术作品的继承与发展也可以丰厚学生的文化底蕴，推动学生自觉保护、继承并发扬传统文化，自觉做传统文化的继承者。传统文化与校园文化应当是相互沟通的关系，要推动传统文化的精神内涵在校园文化内充分展示，学校各方应当在校园文化与传统文化的融合方式上下功夫，要让优秀文化的渗透与感染力得以延续，让优秀的中华传统文化在校园内焕发生机。

（一）开设优秀传统文化教育课程

现在国家层面大力倡导文化自信，这为教育工作的开展指明了方向。小

学阶段课堂作为传播知识最快、接受面最广、学生集中学习最好的形式，要在校园文化内继承传统文化必须开展相关的文化教育课程，使学生们从理念层面上对传统文化的内涵、形式、重要性以及必要性等多方面有个大概的了解，从大的方向上保证学生不偏离整体校园文化建设的方向。尤其值得注意的是，现在信息技术的快速发展，使小学生们平时接触电子产品的机会也比较多，小学阶段孩子们的身心尚未成熟，世界观、人生观与价值观都尚未建立，如果没有一个好的平台去引导，学生很容易受到一些糟粕思想的影响，这对于学生成长危害的力度是不可控的、巨大的。

为此，电城镇中心小学的校园文化建设结合当地传统文化，通过定期开展课程引导学生。这里需要注意的是，在课程上传授文化内容的时候，要考虑到学生的认知规律，尽量以通俗易懂且饶富趣味的话语来告诉学生，要让孩子们能够切切实实地理解老师所想要传达的内容，而不是囫囵吞枣瞎理解，以免造成理念上的偏差。

（二）开展多元化的文化教育活动

文化建设与文化教育不同于其他学科的教学，它更侧重于无形影响与渗透，因而单纯的理论课的讲授并不能很好地引发学生情感共鸣，学校应当也必须组织多元化的文化教育活动，使学生在实践过程中去感知、去体会传统文化的魅力所在，推进学生责任意识、担当意识、爱国精神等综合文化素养的提升。

首先，应当开展有关国学的文化教育活动，让学生了解中华文化五千年来悠久历史的背后所蕴含的精神支柱是什么，推动学生自觉继承以儒家为主的中华文明，提升自己的道德水平。

其次，应当开展以中华传统美德为主题的文化教育活动。这些教育的开展应当贴近学生的生活实际，要与学生生活中常见的场景相结合，通过提高学生的代入感，使学生明确何为美德，能够真正在生活中做到“勿以善小而不为，勿以恶小而为之”。最重要的是，社会实践是开展思想政治教育的重要环节，学校应当深入定期开展文化教育实践活动，让学生们参与到文化保护的过程中，让孩子们参与到优秀文化展览的过程中，组织孩子们去非遗文化基地深入了解挖掘、保护的全过程，在这样实践的过程中提高学生的责任感与使命感，让学生了解到文化保护对于民族的重大意义，提高学生保护传统文化的实践能力与创新能力。

（三）提供开放多元化空间去培育文化社团

社团文化是校园文化建设的重要阵地，在很大程度上承载着校园文化的宣传工作，社团文化是学生自主交流沟通的重要场所，是学校建设发展中不可或缺的文化家园之一。社团文化并不是大学生独有的，小学阶段也可以通过鼓励学生们按照各自兴趣安排选择适宜的社团，学校应当鼓励孩子们自主设立、自主选择社团，要尊重学生的意愿，在社团发展中积极主动为学生们提供一些物质上的资助、意见建议上的引导、精神信念上的支持与鼓励。

比如，电城镇中心小学建立传统民族舞的社团，如蒙古舞、傣族舞、黎族舞等；艺术作品实践的社团，如陶艺、花艺、剪纸等；传统音乐的社团，如古筝、琵琶、马头琴等。让学生们借助社团力量深入把握某一民族的文化底蕴，在文化深度上得以拓展，在文化理论底蕴上得以提升。社团文化的培育是一项系统化的工程，不可能一蹴而就，需要整个校园文化的发展作为支撑，学校方面要在整体的发展方向上把握社团的整体走向，但是也应当给予社团足够的空间与时间，要让学生们可以自主去设计社团发展文化活动的组织开展，让学生自行招募社团成员、自行组织社团活动、自行民主设计社团规则，推进学生文化建设的人员管理、活动管理等能力的提升。

（四）安排适量的传统文化相关课程，提供良好的学习环境与学习条件

推动校园文化建设进程的主力军便是教师，教师适量地为学生安排一些有关传统文化的课程，使学生能够有充裕的时间去对传统文化相关知识进行学习，在良好的环境当中能够得到心灵的净化，从内心深处对中华优秀传统文化进行吸收和消化。因此，教师应当安排时间和课程为学生进行传统文化方面的教育教学提供良好的教学环境与学习条件，使学生从中有所收获。

比如，教师可以一周安排一到两节课的相关课程，为学生提供高质量教学。首先，教师可以对教室进行相关布置，准备一些有关传统文化方面的图片作为装饰，使学生能够很快地融入课堂当中。其次，教师可以摘取传统文化里面的一个板块来进行讲解，运用多媒体等资源来进行授课，为学生提供良好的教学环境与条件。最后，教师需要学生对所讲内容有一定的掌握，可以通过提问、做作业等方式使他们对传统文化的相关知识有一定的巩固，增加记忆力。

（五）建立相关管理机构，使校园文化建设得到良好发展

任何一件事情想要得到良好、持久的发展，都需要有一定的管理作为支撑条件。校园文化建设同样如此，需要具备系统的管理机构，使每个工作部门在一定的规定范围内得到健康、稳定发展。

学校在进行校园文化建设时需要具备良好的管理机构，只有这样才能够使校园文化建设得到良好、有序发展。学校各个部门负责人都要对其工作认真负责，在其建设过程中献计献策，可以将其各个部门的负责人组成一个校园文化建设小组，小组内的每个成员都要热爱这份工作。小组可以定期组织讨论、分享工作，在此过程中，每位成员都畅所欲言，表达自己的想法和意见，然后集中进行讨论和分析，取其精华，去其糟粕，共同探讨出符合规定的方案并且加以实施。各个部门的管理人员与各自的成员进行良好沟通，推动工作进程，这样有利于更好地将中华优秀传统文化融入校园文化建设当中，使学校得到持久、稳定发展，文化领域得到进步与创新。

（六）进行相关考核，定期举办有关校园文化方面的活动

学校要想使中华优秀传统文化合理、有效地融入校园文化建设当中，就需要切实保证实施工作的落实，制定科学的考核方式，推动其工作进程。比如，学校可以定期举办校园文化评比活动，学生积极、踊跃报名参与，可以以文化作品、演讲等方式举行。相关管理人员对学生的表现给予评价与评分，设定相应的考核标准，对通过考核的学生给予一定奖励，激发他们对传统文化的兴趣与喜爱，同时对于没有通过考核标准的学生给予鼓励与支持，使他们在学习中再接再厉，共同进步，一同创设校园文化，使学校得到长期、稳定、健康发展。

第六章 6

学科教学活动培养学生的文化自信精神

将传统文化融入学科教学中，让学生感受到传统文化的价值与魅力，从而培养文化自信精神，同时也更好地传承发展传统文化。

第一节　语文教学中培养学生的文化自信精神

语文教育的文化自信关乎教育强国建设、关乎中华民族伟大复兴，借助语文教学的有效平台，在课堂、家庭教育中合理渗透传统文化，让优秀传统文化走进小学生的视野，不断激发小学生的文化情感，培养小学生的文化素养，树立充分的文化自觉和文化自信，中华民族伟大复兴才更有底气、更有后劲！

一、语文教学中培养学生文化自信精神的认知

教人先正己，教师必须成为中华优秀传统文化的信奉者、传承者。青少年还没有形成完善的、正确的价值观、人生观、世界观。作为一名小学语文教师，我们的一言一行、一举一动都是学生们崇拜、模仿的对象。中华优秀传统文化注重自强不息、厚德载物、刚健有为的道德追求，倡导讲仁爱、重民本、守诚信、崇正义、尚和合、求大同的思想理念。小学语文教师要坚持“立德树人”，自觉学习中华优秀传统文化，时刻不忘诵读传统经典诗词文章，进一步坚定“文化自信”、增强文化自觉、提升文化素养，做宣传、推介、传承中华优秀传统文化的积极实践者。

三尺讲台系国运，课堂应当是中华优秀传统文化的传习所、文化自信的锻造台。语文是文化教育、文化传承的基石和载体，小学语文的识字教学是接触中华传统文化的起点，古诗凝聚了中华传统文化的精髓。在语文课堂教学中要注重挖掘课堂内容与传统文化的契合点，不着痕迹地引入传统文化，

做到在传授知识的同时自然引申、启发渗透，达到“润物细无声”，让青少年在“耳濡目染”中坚定文化自信。比如，在学习汉字“日月水火”时，让小学生观看四个汉字从实物到甲骨文、到小篆、到楷书的演变历程，让大家加深对汉字的认识、体验汉字的魅力；在古诗学习中强化趣味性，多利用通俗的语言，以故事的形式分析材料、剖析人物，潜移默化中融入人生观、价值观的教育，通过《石灰吟》表达出的以天下为己任、为社稷苍生不惜“粉身碎骨”的坚强意志和决心，传递传统文化中自强、奉献、爱国的中华美德，教授青少年立大志、守大德、成大器。

“染于苍则苍，染于黄则黄”，小学语文教学要高度重视家庭教育的密切配合。父母是孩子的第一任老师，也是终身老师，亲子之间的血缘关系、感情关系更有利于学生传统文化知识的学习，有利于良好习惯养成、性格陶冶以及思想品质培养。语文教学中可以布置一些亲子作业，提升教育效果，比如在《三字经》的教学中，可以要求家长配合，让孩子边学边实践，按照《三字经》《弟子规》中的“亲师友，习礼仪”“出必告，反必面”等要求做到尊敬父母、父母召唤立马答应等，让学生从小养成一种习惯。还可以让家长学生在不同传统节日开展不同的家庭活动，春节一起写对联、元宵节一起做元宵、端午节一起包粽子等，让学生更加深刻地融入和感受中华传统文化魅力。

二、利用传统文化微课方式培养学生文化自信精神

《义务教育语文课程标准（2022年版）》将文化自信列为语文课程核心素养之首，这里的“文化”，指中华文化，包括中华优秀传统文化、革命文化、社会主义先进文化。文化自信，指的是对中华文化的生命力具有坚定信心，对中华文化充满了高度认同、热爱和崇敬。微课作为一种微型的课堂形式，具有小而精的特点，知识点凝练集中，针对性强，能吸引学生的注意力，给课堂增添趣味。设计以传统文化为主题的微课运用到教学中去，不仅能提高课堂的实效性，还能丰富学生的文化积淀，提升学生的文化自信。

（一）课前预习微课，渗透文言文学习方法

学习文言文有许多方法，比如：借助注释，联系上下文，借助插图，古今异义，扩词法等。其中，扩词法是非常常用的理解文言文的方法，在三年

级上册出现的第一篇文言文《司马光》中就已经用到了。在教学四年级下册“文言文二则”时，课后第三题出现了这样一道题目：“胤恭勤不倦。（疲倦）”旁边的小泡泡提示：“用这样的方法，我能更好地学习文言文。”这样的方法即扩词法。

对于已经学过的方法，还要在课堂上花大力气去讲解讲透吗？孙绍振先生曾在《名作细读》一书中讲道：“在语文课堂上重复学生一望而知的东西，我从中学生时代对之就十分厌恶。”在学习“文言文二则”之前，孩子们已经学过了四篇文言文：《司马光》《守株待兔》《精卫填海》《王戎不取道旁李》，除此之外，孩子们从一年级开始，还学习诵读了以下经典：《弟子规》《三字经》《声律启蒙》《诗经》，对文言文的学习方法也掌握得比较好了，于是，教学时可以设计课前预习微课：“扩词法的妙用。”在微课中，孩子们温习了如何运用扩词法来理解文言文，在《司马光》一课中，运用扩词法理解了“光持石击瓮破之”的意思。运用扩词法，要面临一个问题：一个字常常能组多个词，那么，怎样选择一个最合适的词语来帮助理解文言文呢？以“胤恭勤不倦”中的“恭”为例，“恭”可以组为恭维、恭敬、恭喜、恭迎等词，这么多的词，如何取舍？要通过联系上下文，理解课文的意思是讲车胤对学习充满恭敬之情，非常谨慎勤勉地学习而不知疲倦，基于此，“恭”之一字选用的词语最合适的应该是“恭敬”。接下来，文句中的“勤、倦、博、通”等，也可以通过联系上下文用扩词法帮助理解了。为此，我还在课前设计了一个问卷星调查，学生通过学习课前预习微课，运用扩词法理解“文言文二则”的文意，正确率达到了97%。利用微课让学生在预习时理解运用学习文言文的方法，让学生更轻松地领略传统文化文本的意蕴美，增强对传统文化的理解力，提升文化自信。

（二）单元导读微课，欣赏优秀诗文的文化内涵

统编教材力求系统化教学，所以在教学过程中，进行单元整体教学是最基本的要求。实现单元整体教学，可以设计相关微课，统领整个单元教学。如统编版语文五年级上册第七单元，单元主题是：四时景物皆成趣，语文要素是：初步体会课文中的静态描写和动态描写。于是教学时可以别出心裁地设计一个微课：“四时之趣”，可以回顾一年级以来学过的描写四季之趣的诗文，比如一年级下册第六单元描写夏季之趣的《池上》和《小池》，那偷采白莲回的小娃多么可爱！二年级下册第一单元描写春天之美的《村居》和《咏柳》，放学归来的孩子们在春风中放着纸鸢，多么快乐的童年！三年级上册第二单元描写秋天的《山行》《铺满金色巴掌的水泥道》，在铺满落叶的水泥道上像只小鸟一样蹦蹦跳跳，充满了诗情画意。四年级下册第三单元的《暮江吟》和《雪梅》，那夕阳映照下的江面，一半青绿一半红，真让人陶醉！每一篇诗文都满载着季节之美，赏景之趣，有的还蕴含着引人深思的哲理。除此之外，还可以回顾各个学期描写四季之景的单元语文要素，比如四年级上册第一单元，边读边想象画面，感受自然之美。

再回到五年级上册第七单元的课文内容，草木虫鱼，皆有趣味。诵读“古诗词三首”，你会欣赏到王维的诗中画，画中诗，聆听到张继的夜半钟声，感受到纳兰性德山长水远的长相思。走进清少纳言的《四季之美》，你会品味到春天的黎明、夏天的夜晚、秋天的黄昏、冬天的早晨之不同的美。还有著名作家巴金笔下的榕树之趣，贾平凹笔下的明月之趣，“日积月累”中的《渔歌子》也会让你感受到不同的景物之趣。还可以从每篇课文的课后题入手，体会不同的朗读要求，在朗读中去感受景物的变化，体味景物的动态美与静态美，感悟景物之趣。在这样的单元统整微课中，学生感受到了优秀诗文中蕴含的文化内涵，增强了文化自信，理解、认同、热爱我们的传统文化。

（三）文本资料微课，感受中华文化的博大精深

在学习古诗文的过程中，常常要借助诸多背景资料，以帮助理解古诗文的含义，在这种情况下，制作微课是非常好的展示资料的途径。比如学习五年级上册的《少年中国说（节选）》，梁启超为什么选择红日、黄河、潜龙、乳虎等物来赞美少年中国呢？理解作者的写作意图，可以制作微课“中华传统文化中的意象”。在中华传统文化中，意象总是承载着中国人的生命感悟和文化体验。在微课中，可以介绍中华文化中某些意象的象征含义，比如，红日指红色的太阳，红色在中国传统文化中有着深刻的象征意义，象征着劳动人民的热血，象征着蒸蒸日上的事业，红日，常常代表着勃勃生机、积极进取、热血奋进。河，指黄河，黄河文化是中华文明中的主体文化，黄河被称为中华民族的母亲河，是中华民族精神与民族情感的象征，那一泻千里的气魄，那奔腾不息的怒吼，是世世代代中国人永不气馁的精神气质。

龙，是中华文化的象征，代表着中华民族神明的典型形象，我们中国人被称为“龙的传人”。龙，百虫之长，高大威猛，具有无限的力量，地位至高无上，自秦汉以来，龙神崇拜与帝王崇拜完美地结合在一起，历代皇帝被称为“真龙天子”。还有，好多成语都含有龙文化，比如望子成龙、龙腾虎跃、藏龙卧虎……龙文化具有极强的生命力。在这样的传统文化微课学习中，学生感受到中华传统文化中意象的源远流长，领会到中华文化的博大精深，感悟到中华文化强大的生命力，理解了中华民族的多样文化，坚定文化自信，增强民族自豪感，更加热爱中华文化。

（四）故事拓展微课，激发古文阅读兴趣

统编教材收录了许多写着生动故事的文言文，比如《司马光》《囊萤夜读》《铁杵成针》《杨氏之子》《王戎不取道旁李》等，在这些故事中，学生认识了许多充满个性的人物，同时，我们还可以找到许多写着同类故事的文言文，在教学过程中，播放这些文言文，以供学生阅读欣赏，为孩子们阅读古文铺路搭桥。在学习四年级上册的《王戎不取道旁李》时，学生认识了看到满树的李子“诸儿取之，唯戎不动”的王戎，感受到王戎善于观察和思考，充满了智慧。这篇文章选自《世说新语》，鲁迅先生曾评价《世说新语》是“一部名士的教科书”，书中介绍了许多名士的故事，当然，也有许多名士小时候的故事。于是教学结束后可以展示微课“青史留名多俊杰”，介绍《世说新语》中写到的充满智慧的孩子的故事。比如《汗不敢出》讲的是钟繇的两个儿子钟毓、钟会从小就很聪明，声名远播，魏文帝曹丕知道后要见他们，两个孩子奉旨觐见时，钟毓脸上汗水直流，而钟会脸上却不出汗，魏文帝问他们原因，钟毓回答汗水直流是因为紧张害怕，钟会则说不出汗是因为恐惧战栗得汗都不敢出了，足见两兄弟真是聪明过人。《咏雪》则是讲一个大雪纷飞的日子，谢安谢太傅和子侄们谈诗论文，谢太傅问飘飘洒洒的大雪像什么，有的侄儿认为这大雪就像是把盐撒在空中，而太傅哥哥的女儿谢道韫却认为，这雪就像是被风吹得漫天飞舞的柳絮，谢太傅听到谢道韫所言，高兴得笑了起来，在无声中赞赏了谢道韫的文学才华。

在微课中通过挖掘这种充满智慧又有趣的故事，激发学生阅读《世说新语》的兴趣，营造阅读经典的氛围，让学生在优秀文言文作品的浸润下，对现有的中华优秀传统文化体系有了更全面的认识，对现有的中华优秀传统文化的形成和发展有了更明晰的理解和体会，从而形成对中华文化的热爱与向往，提升文化自信。

中华优秀传统文化凝聚了中华民族几千年来的价值观、传统美德和人文精神，体现了中华民族的精神内涵，是中华文化的根和脉，充满了魅力，引领着一代又一代的中华学子在其间涵泳。传统文化微课从不同的角度集中呈现中华优秀传统文化的精髓，丰富滋养了学生的心灵，给学生种下了一颗颗文化的种子，丰厚学生的文化积淀，增强文化底蕴，提升文化自信，使学生对中华文化充满了深厚的思想感情。

三、小学语文诵读教学中培养学生文化自信精神

（一）深化了解诵读概念，引导学生进行诵读

在文化自信视域下，教师首先自身要对诵读这一概念实现认知上的更新，才有可能推动诵读教学活动的开展。教师从根本上将诵读和朗读两者进行区分，在引导学生开展诵读活动的同时，教授学生诵读方面的技巧，再把传统文化知识有机地融入其中，进而达到诵读教学的目的。

例如，在教学《长相思》一课时，教师可以让学生反复诵读全文第二段后提出问题："通过诵读，同学们是否有新的感悟产生？"学生回道："能够感受到作者对于家乡的浓浓思念之情。"那么教师进一步追问："从哪些方面感受到的？"学生则将自己在诵读过程中的所思所想全数表达。此外，教师还可以在诵读的过程中向学生们拓展诗词的社会背景和作者生平等信息，让学生进一步加深对于传统文化的认知和了解，从情感上更好地体会文章内涵。

（二）注重指导，提升学生诵读效果

在文化自信视域下，诵读方法的掌握程度尤为重要，这就需要教师充分发挥个人的主体责任，尊重学生主体地位的同时，结合具体的诵读内容展开诵读方式的指导。而教师自身也需要不断提高完善，才能帮助学生进行更好

的文章剖析。

以《春望》为例，教师可以提前播放一些优质的诵读实例，先把学生的情绪调动起来，然后自己再亲身示范，接着让学生们尝试着自己进行诵读，并在过程中化身作者进行联想，这样一来，情感上的共鸣得以连接上，学生对于文章也会有更深层次的理解。

（三）改革理念，丰富学生诵读内容

教师身处教育活动的第一线，应当对于教学理念抱有个人独特的理解和认知，这就意味着教师需要更加敏锐地结合自身教学环境和教学情况，清晰认知到传统诵读理念的局限性，及时调整诵读教学的内涵和方式，创新并改革，寻求到属于自身的独一无二的诵读教学理念。以培养学生的文化素养为主旨，依托于诵读内容的丰富，引经据典，促进教材和经典文学作品之间的有效结合，使得学生理解文章的角度、记忆文章的方法都能够通过诵读教学得到最大化的发挥。

例如，教师可以在平常的生活中就多注重自身语言文学素养的锻炼，多多挖掘文化素材，在众多的文学作品中提升自我的文化品鉴能力，从而能够在课堂上创造出更多内容的教学活动，提供更多的诗词作品以供学生进行鉴赏诵读，让学生发自内心地意识到诵读的重要性和乐趣，诵读的积极性提高后，学生的文学素养也自然得到了提升。

小学教育作为青少年认识世界、探索世界的启蒙教育，是青少年全面发展和终身发展的基础，语文是“百科之母”，在学生全面发展和培育六大核心素养（人文底蕴、科学精神、学会学习、健康生活、责任担当、实践创新）中起着基础性、总领性作用，是弘扬和培育民族精神、增强民族创造力和凝聚力的关键。中华民族五千多年文明历史所孕育的中华优秀传统文化，是中华民族的精神命脉，是中华民族的突出优势，是我们的文化自信的重要来源。在小学语文教学实践中促进中华传统文化的根脉在小学生内心扎根、生长，培养“祖国未来”的文化自信至关重要。

第二节　数学教学中培养学生的文化自信精神

数学作为一种文化，已是人们的一种共识。在小学数学课程标准中也明确提出数学教学要体现文化价值，在如今的课堂教学中，数学文化教学的研究也逐渐深入，在数学课堂中有机地渗透数学文化增加学生的文化自信是必要的。

一、小学数学课堂中融入传统文化

数学教学应当承担向学生传递数学文化的重要职责。因此，我们在承认和弘扬数学工具价值的同时，更应该看到它的文化价值，在课堂教学中，数学文化的渗透可以帮助学生清晰认知、创造性转化和创新性发展，这既是文化自觉的当代表现，更是文化自信的切实践行。

小学的数学教育，从照搬照抄苏联模式到目前的自主探索适合国情的教学模式，中间经历了曲折的道路，积累了宝贵的经验。但是通过我们多年从事小学数学教学的经验来看，一方面，部分老师对新课程标准理解不充分，未能够充分认识到小学数学教学中融入传统文化的重要性。另一方面，小学数学教师各种考核压力较大，传统文化在小学数学考核中占的比例较低，在数学课堂中，若是把传统文化都融入教学中，可能面临“心有余而力不足”的状况。数学老师按照新课程改革的要求，在课程的设计过程中，要创设各种学习情境，通过自由探讨、小组交流等方式，让学生在知识的海洋中翱翔，真正地理解数学并从内心去接受数学。

（一）在教材中寻找传统文化之味

数学知识源于教材，小学数学的课堂是对教材的一种讲授。“学数学，注重理解定义”，这是老师经常苦口婆心给我们强调的。而对于学生来说，大部分定义都是抽象的、枯燥无味的。结合新课程的改革要求，教师可以通过讲故事或者观看数学发展史的小视频，引起学生的兴趣，提高学生学习的积极性和主动性，从而加深对数学知识点的理解和记忆。如经典的鸡兔同笼的算术题，来自我国著名的数学家刘徽创作的《九章算术》，通过讲解刘徽的生平事迹，让学生了解题目背后的小故事，从而将复杂的数学知识转化为通俗易懂的语言来进行传授。又比如“打油诗”：“李白大街走，提壶去买酒。遇店加一倍，见花喝一斗。三遇花和店，喝光壶中酒。”试问壶中酒原有多少斗？这是由诗歌和数学问题组成的流传千年的小故事，学生通过对优美的传统文化的理解和感悟，体会到“诗中有画，画中有诗”的传统文化之美，增强学生的民族自豪感和责任感。

（二）在教学中融入传统文化名人，增强学生的德育情操

在小学数学的教材中，呈现出了我国许多著名的数学家。在课堂教学中，教师要按照新课程标准的要求，多方面挖掘这些人物的事迹和取得的成果。比如在讲授“圆的周长”这节课时，我国古代的著名思想家墨子早在两千多年前就给圆下了定义：圆，一中同长也。让学生感受到古人神奇的智慧。同时，通过导入圆周率的由来，介绍南北朝著名的数学家祖冲之，通过自己推算出圆周率（π），精确到小数点第7位，值在3.1415926和3.1415927之间，对中国乃至世界上的数学都是一个重大贡献。又比如在哥德巴赫猜想中取得举世瞩目成就的我国数学家陈景润，让学生感受到数学的传奇和数学之美，了解古代数学文化的魅力，体会古人的聪明才智、孜孜不倦、勇于创新的精神。借助于老师的讲授，学生不仅学到了知识，还潜移默化地受到了古人努力拼搏、吃苦耐劳、勇于创新等精神的影响，激发了学习的兴趣和强烈的责任感，从而做好文化的继承者和传播者。

（三）在教学中以寓教于乐的形式，融入丰富多彩的传统文化

小学生的性格是活泼好动的，玩耍是他们的天性。因此，丰富多样的游戏在小学数学教学活动中，占据着重要的地位，同时也是提升小学教学质量

的有效措施，将传统文化融入小学数学的实践中，势必要与游戏相结合，这就需要教师在细致的研究基础上，有计划有目的地组织开展各类传统文化游戏活动。基于传统文化的多样性，与游戏相结合之后呈现出的教学效果也是不尽相同的，因此，教师在教学设计游戏活动中必须从小学儿童的心理需求出发。例如，作为有着五千多年文明史的古国，我国劳动人民在日常的实践中，创造了流传至今的趣味算题、民间顺口溜和珠算等。如在广大青少年中作为游戏流传的石头、剪刀、布等，通过各种手势进行展现。在“掷骰子”和“掷硬币”等游戏中，表面上看是随机产生的结果，但是通过试验，这些游戏也有技巧性。借助于讲授“统计与可能”这节课的教学，把数学融入日常的生活中，学生充分感受传统文化的独有魅力，让学生感受到数学源于生活，生活中到处存在数学。

（四）小学教学中融入传统文化，让学生充分感受到数学之美、之神

在日常课堂教学活动中设置特定的主题，以此来展示不同特点的传统文化。在课堂上为小学生创设丰富多样的学习环境，激发孩子们的参与兴趣，从而更好地引导学生在潜移默化中接触和认识优秀传统文化的内涵。例如在讲授“对称”时，可以展示我国民间优秀的艺术作品剪纸、脸谱、印染等，让学生了解图案的发展和来源，体会到对称的美。同时，可以借助多媒体展示故宫、天坛等我国著名的建筑，故宫又称紫禁城，设计的原则是一条中轴线纵贯南北，故宫按照这条中轴线对称、均衡布局。通过这些材料的情境导入，让学生了解祖国灿烂的数学文化，在欣赏中就学会了什么是对称，同时，教师在教学中进一步渗透，学生在学习的过程中会逐步体会传统文化中的数学气息，深刻感受到了生活中的数学内涵价值，进一步提升数学的学习兴趣和民族自豪感。

二、数学教学中培养学生文化自信精神的策略

作为一个传承了几千年的文化大国，我们不仅有着内涵丰富的历史，也有着源远流长的文化，传统的民族节日更是祖先留下的瑰宝。因此要完善传统文化在小学数学中的应用，还需要重视对民族文化的宣传和传承。比如在中秋节和重阳节前后，教师可以向学生介绍这些节日的来源和蕴含的文化意

义。在端午节的时候，带领学生观看龙舟赛和包粽子，建立正确的人生观和价值观，真正发挥传统文化的教育价值。

（一）通过阅读，建立清晰的文化认知

古希腊数学经过纵深的发展，有着深厚的文化渊源。多少年来，在孩子们的心目中，在老师们的课堂上，数学一直与定理、法则、记忆、运算等联系在一起，难学难教、枯燥乏味一直是学生学习数学的绊脚石。事实上，造成这一现象的原因是多方面的，而一味注重数学知识的传递、数学技能的训练，漠视数学本身所蕴含的鲜活的文化背景，漠视浸润在数学发展演变过程中的人类不断探索、不断发现的精神本质以及数学与人类社会（包括自然的、历史的、人文的）千丝万缕的联系，是造成这一现象的重要原因之一。数学教学就是要挖掘蕴藏在数学之中的丰富的文化资源，实现其科学价值与人文价值的和谐与统一，促进学生情感、态度、价值观的可持续发展。由此，新课程改革把“体现数学的人文价值”写入了课程标准之中。

每个民族都有自己的文化，也就一定有属于这个文化的数学。苏教版教材中，很好地关注了这个方面，在十二册教材中，安排了多个“你知道吗？”在教学过程中，教师可以充分利用这些独有的宝贵的教学资源，通过教材中的素材，引领孩子阅读，有助于学生站在一定的高度上学习相关知识，逐步帮助孩子建立清晰的文化认知。三年级，学生开始认识了包含有万级的数，学生明白学到“万”，就可以认识更大一些的数。在教学中，我引导学生学习“你知道吗？”了解到在我们中国的古代，那时候人们还不叫数学，叫算术，又叫算学，后来才改为数学的。数学这门学科起源于人类的生产劳动，源于生活，又服务于我们的生活，所以大家学好了数学，是为了以后更好地生活。

例如，在学到时间单位“时、分、秒”的时候，就可以引领孩子阅读一些有关时间的数学文化知识。在我们遥远的古代，没有时钟，人们怎样计时呢？有聪明的人就想到用水漏的方法来计量时间。从汉代开始，人们用十二个时辰来计量一天一夜的时间，像子时、丑时、寅时、卯时等。后来由于科学技术的迅猛发展，国际计量大会上把“秒”定位为时间的统一单位，时、分作为时间的辅助单位。因此，从那以后，各种各样精美的时钟、手表日益展现在人们面前，看到时钟，大家心里对于时间就明确多了。后来又出现了电子钟、表，现在的手机也带有时间的功能，看时间真是越来越方便了。现在工作、学习都需要看时间，所以我们首先要学会准确地认识时间。这样，学生对于计时的方法有了简单的了解，再学习认钟面就能做到有的放矢。

（二）进行对比，展开平等的文化对话

1. 数学文化是百花齐放的人类文明的传承

小学数学课堂所体现出的文化，应是人类文明的传承，是不断探索、实事求是的科学，是基于交往、互动环境下人的全面而和谐的发展。数学是研究数与形的科学，它源于生产，服务于生活，并不是空中楼阁。教师在教学中应引导学生初步了解数学科学与人类社会发展之间的相互作用，体会数学的科学价值、应用价值、文化价值。数学文化，是中华文化和世界文化的对话，一枝独放不是春，百花齐放才是春，面对不同文明，学生了解数学的悠久历史和人类对数学知识的不断探索过程，感受数学的魅力，激发研究数学的兴趣。

例如，还有在三年级“认识分数”时，也是在“你知道吗？”这个栏目里介绍了分数的历史，在三千多年前古埃及人就造了分数记号，而在古代的中国，分数是用算筹来表示的，而印度人是用阿拉伯数字来表示分数的，上面一个，下面一个，中间是没有分数线的，到了12世纪，分数线才由阿拉伯人创造，一直沿用至今。学生在了解这段数学发展史的同时，也认识到了数学是全人类共同的遗产，不同文化背景下的数学思想、数学创造都是根深叶茂的世界数学之树不可分割的一枝，这对于激发学生的数学兴趣和求知欲，培养数学学习的积极性和主动性以及创新精神和实践能力都有着积极的推动作用。

2. 中华文化是数学文化的一颗瑰宝

课堂中，文化的渗透给数学课堂带来了浓郁的文化气息，在这里数学不是单向的知识传递，而是生动的文化交流。学生从中领悟到数学的无穷魅力，体验到科学的数学知识所蕴含着的巨大的人文力量，尤其是我国古代人民在数学研究中的发现与探索，更能激发学生的民族自豪感，增强文化自信。

例如，在进行“圆的周长和面积”这一内容的教学时，引入圆周率π的数值的时候，就可以给学生介绍和圆周率有关的两位数学家：中国数学家刘徽和祖冲之。魏晋时期伟大的数学家刘徽首先采用“割圆术”得出了较精确的圆周率的值。刘徽一直把圆等分成192份，得到了圆周率的近似值3.14。继刘徽之后，我国南北朝时期的祖冲之，他计算出π的值在3.1415926和3.1415927之间，是世界上第一个把圆周率的值计算精确到小数点后七位小数的人。比国外数学家得到这一精确数值的时间至少要早1000年。虽然如此，人们对圆周率的研究远没有结束。随着数学技术的发展，现在人们已经用计算机将圆周率计算到小数点后12411亿位。

教学中，让学生了解自古以来人类对圆周率的研究历程，领略与计算圆周率有关的方法，从而了解数学的悠久历史和人类对数学知识的不断探索过程，感受数学的魅力，激发研究数学的兴趣。同时，结合刘徽、祖冲之研究圆周率取得的伟大成就，以及与国外研究的比较，大大地激发了学生的民族自豪感。

3. 展开思维，领悟独特的文化内涵

数学真正的文化要义在于，它可以最大限度地张扬数学思考的魅力，并改变一个人思考的方式、方法、视角。文化的渗透，可以让学生感受到思维的乐趣，使学生领悟数学知识的丰富、数学方法的精巧、数学思想的博大、数学思考的美妙，那么，数学的文化价值也就显露无遗。从这一意义上讲，数学文化不仅属于一些特殊的教学内容的课堂，任何数学课堂，比如计算，比如应用题，再比如一般的概念教学我们都可以触摸到数学文化的脉搏，因为，拥有思考，便拥有了数学的文化力量。

例如在学习平面图形的面积计算中，教材中安排了一个“你知道吗？”介绍的是《九章算术》中三角形面积的计算方法是“半广以乘正从”，著名数学家刘徽用“以盈补虚”的方法，利用一个三角形就推导出了三角形的面积计算方法，学完了梯形的面积计算后，学生利用刘徽的方法，尝试利用一个梯形推导出了梯形的面积计算公式。这些尝试不是外力强加给学生的，而是积淀于他们内心的价值认同，是对民族文化的价值坚守。当我们的数学课不再仅将所谓的知识点作为课堂教学的全部，当我们努力演绎数学文化的厚重与缤纷、传递数学文化的睿智与豁达，当数学文化的魅力渗入教材、到达课堂、融入教学时，数学教学就会通过文化层面让学生进一步理解数学、喜欢数学、热爱数学，学生也在展开思维的过程中，领悟独特的文化内涵。

在教学“解决问题的策略——转化”一课中，我介绍了大家都比较熟悉的曹冲称象的故事和爱迪生巧测灯泡容积的故事，曹冲用称一船石头的方法称出了大象的重量，爱迪生把水灌进灯泡，然后测量水的体积来求出灯泡的容积，他们遇到新问题时会转化、善于转化。具有极强的解决问题的能力。教学中用曹冲称象和爱迪生测灯泡容积的故事，来引导学生从解决问题的角度来重读这两则故事，激发了学生学习数学的兴趣和愿望。其实，较之于知识、技能而言，方法、思想和策略更为内隐，常潜伏于许多看似普通的数学知识、数学技能的学习过程中，我们如果能敏锐地予以捕捉、判断、放大、外化，利用学生们熟知的故事，在课堂中予以传递，引导学生用数学的眼光看待生活中的问题，用数学的头脑分析生活中的问题，用数学的方法处理其他学科中的问题。并发展学生应用数学的意识，很好地发挥数学文化的教育功能。

在小学数学教学实践中融入传统文化，不仅促进了小学生的全面发展，还会使数学课堂变得生动且有趣味性，传统文化犹如养料一样，让学生在知识的海洋中自由地翱翔，同时教师在授课的过程中要深入融合，在反思中体验“相融促进”之法。

第三节 音乐教学中培养学生的文化自信精神

音乐文化最具民族性特点，中国有着丰富的音乐文化资源，在音乐教学中培养学生的文化自信精神，可丰富艺术素养，同时也让孩子们对传统音乐文化产生兴趣。

一、在小学音乐教学中培养文化自信的重要性

所谓文化自信，是指某个人对传统文化具备的自信心，而从当前小学生的思想情况来看，少有学生对传统文化具有深刻的认识。那么，这就需要教师发挥积极的引导作用，在教音乐课程的时候，给学生播放传统音乐从不同的传统音乐艺术中汲取积极的精神力量，这会为培养文化自信提供有利条件。

（一）能够促使学生正确地认识传统文化

从当前小学生的日常生活现状来看，学生能够听到的音乐绝大多数都是现代音乐，而现代音乐可以分为多种形式的音乐，如电子、流行、说唱，这些音乐与传统音乐具有明显的区别，并且携带着诸多现代文化，易于让学生遗忘传统文化，从而会渐渐地失去文化自信。因此，需要教师将更多的传统音乐引入课堂，带领学生共同鉴赏传统音乐，慢慢地灌输传统文化思想，这会帮助学生正确地认识传统文化，从而树立文化自信。

（二）能够帮助学生树立正确的价值观

在目前多种文化思想混杂的时代中，如果没有坚定的文化自信，就会轻易地被周边的文化影响，进而会动摇自身的价值观。因此，需要从小学生

开始培养对我国传统文化的文化自信，利用音乐的形式慢慢地陶冶学生的情操，更加主动地接受、适应传统音乐，同时教师需要从音乐中引导学生，灌输积极的思想道德观念，这就有利于形成更为完整、正确的价值观念。

二、小学音乐教学中培养文化自信的策略

（一）引入传统戏曲，拓展音乐视野

当小学生听到“音乐”两个字，很多时候在脑海中浮现的场景，都是动画片主题曲、当代流行歌，没有包括传统戏剧的概念，这就说明学生缺乏对音乐的广泛认识。那么，在培养文化自信的前提下，教师可以将传统戏曲引入课堂，既能够拓展学生的音乐视野，又能够传播传统文化，有利于达到培养目的。

比如，可以带领学生观看京剧经典戏目《霸王别姬》，引出该段戏剧讲述的历史史实，渲染史实中表达的情感，进而培养文化自信。

首先，在播放戏剧之前，可以对学生说：“同学们，请问你们知道什么是京剧吗？”学生会说：“不知道”，教师说：“京剧是我国古老的艺术，现在你们会在闲暇时间听动漫歌曲，古时候的人们会在闲暇时间听京剧哦！你们想不想看看那时候的人们爱听的戏曲呢？”这会引起学生的好奇心。

其次，教师开始在多媒体屏幕中播放《霸王别姬》的片段，在看完后，对学生说：“同学们，请问你们看懂了这部戏曲了吗？”相信很多学生没有听懂，教师说：“没关系，那你们知不知道楚霸王项羽呢？”许多学生都曾听到过项羽的名字，教师继续说，“刚刚你们看到的这段戏剧，讲的就是楚霸王项羽和他最宠爱的虞姬之间的别离哦！”随后教师在多媒体屏幕上，为学生展示楚汉时期的历史资料，了解导致出现“霸王别姬”的前因。

再次，教师对学生提问：“同学们，在看完资料后，是不是觉得很神奇呢？在距今两千多年前发生的故事，竟然还能在现代人的眼前呈现！”这会增强学生的文化自信，教师继续说，“同学们，这就是传统戏曲艺术的魅力，能够将宝贵的历史记录下来，还能够让人们听到悦耳曲调，你们喜不喜欢呢？”这会引导学生对戏曲产生聆听兴趣。

最后，教师提问学生：“同学们，在这场戏剧的末尾，虞姬为什么要自

刎呢？”这会引起学生的思考，随后给学生讲述虞姬自刎的缘由，赞叹虞姬敢于为楚霸王献身舍命的精神，同时对学生说：“同学们，我们的古人十分勇敢，今天的你们也要学习他们，继承我国传统文化中坚强不屈、勇敢无畏的精神！”这会引导学生形成积极的思想道德观念。

那么，从以上过程来看，教师会利用传统戏曲引起学生对传统文化的了解兴趣，点拨学生发现传统戏曲的优点，指出戏曲中表现的传统文化精神，促使学生学习，既有利于提升思想道德水准，又有利于培养文化自信。

（二）对比古今音乐，培养文化自信

从古今音乐形式来看，很多传统的音乐与现代音乐有着明显的差异，如传统乐器上更多使用锣鼓、唢呐、丝竹等，现代音乐使用吉他、合成器、电子鼓等，所以会有不同的听觉感受，教师可以从这方面着手，在课堂上分别展示相同的音乐，让学生分别感受两种形式的音乐演奏，随后带领学生品鉴传统音乐，这有利于培养传统文化自信。

比如，通过多媒体工具，教师可以将《探清水河》带入课堂，这首歌曲是由清末时期发生在北京民间事迹改编而成的戏曲，在北京地区广为传唱，而在当前流行音乐的影响下，也被逐渐创新为流行唱法，教师可以将该首歌曲的传统和流行两种唱法的音频展示给学生，引导学生对传统文化产生兴趣。

首先，将流行版本放映给学生，该版本是由吉他谱曲而成，较为符合当前学生的聆听喜好，听完后，教师问：“同学们，请问这首歌曲好不好听呢？”学生会说：“好听！”教师说：“同学们，其实这首歌曲是由传统戏曲改编而成的，你们听过传统唱法的版本吗？”这会引起学生的好奇心。

其次，教师播放传统版本，从该版本歌曲来看，不仅体现出更多戏曲独有的升降音，而且体现出更多故事的悲情色彩，这时教师说：“同学们，在听完这个版本后，你们是不是觉得音调忽高忽低呢？这就是我国戏曲的特点哦！”这会让学生加深对戏曲的了解。

再次，教师询问学生：“同学们，请你们回想之前听到的流行唱法，与传统唱法相比，是不是过于平淡，传统唱法更能突出歌曲中的故事性，让你们闭着眼睛就可以感受到故事的悲伤呢？”这会引起学生的思考。

最后，教师对学生说：“同学们，传统戏曲中包含有诸多传统文化精髓，就像这首歌曲，短短的歌曲能够记载悠久的历史，让听者可以产生身临其境的感受，这就是传统戏曲的魅力！希望你们可以多听听传统戏曲，传承优秀的传统文化吧！”这会帮助学生加深对传统文化的认识。

由此可见，从以上过程来看，通过古今歌曲的演唱对比，能够让学生听到古今歌曲的明显区别，在教师的引导下，能够认识传统歌曲的可取之处，对传统文化产生新认识，从而有利于增强文化自信。

文化自信是蕴藏在传统歌曲中的精神力量，需要教师有效地引导学生，从中感受精神力量，并且需要通过多种方式进行引导，这样有利于培养文化自信。

第四节　美术教学中培养学生的文化自信精神

传统艺术是传统文化重要的组成部分。在美术教学中，我们要继承优秀传统文化的精华，并传承在当下的小学美术教学中。传统文化走进小学美术课堂是历史必然，只有积极地将传统文化在课堂中引用，才能使学生从小就养成对传统文化的崇敬之情。随着时代的发展，小学美术教学中需要不断地优化自身的教学效果，将文化自信融入其中，便于学生对知识的学习，让学生更多地感知美术知识学习的魅力，以此达到优化教学效果的目的。为此，小学美术教学中要能够有意识地渗透文化自信，以此更好地提升学生的美术素养。

一、小学美术与传统文化相结合的重要性

中国传统文化是贯穿中华民族五千多年文明发展史的血脉，培育小学生的优秀传统文化素养，是提高整个民族新生力量的素质与质量的重要环节，也是增强小学生的价值观自信和文化自信的现实途径，凝聚整个民族的力量，推动中华优秀传统文化的传承和创新，为实现中华民族伟大复兴中国梦创造动力。

小学美术属于造型艺术当中的一部分，在小学美术教学中融入文化自信，能够帮助学生更好地认识美术知识学习当中的符号，提升学生对图像进行辨识的能力，也能够进一步强化学生的美术素养。同时，在小学美术教学中与文化自信相互融合，能够让学生对美好的事物有更多的感知，从而提升

学生的审美意识。另外，美术作品本身具有一定的表现结果，通过与文化自信相互融合起来能够进一步地提升学生的表现力。通过与文化自信相互融合，也能够让学生对文化知识的学习更加积极主动，对文化进行弘扬和传承，培养学生的文化素养。通过提升文化自信，对于学生思维以及创新能力的提升也具有极为重要的作用和价值。为此，在小学美术教学中，要能够认识到融入文化自信的必要性，从而更好地促进学生综合素养的提升。在小学美术教学中，要能够在结合知识内容的基础上，采用有效的方式方法融入文化自信，让学生感受到文化具有魅力的同时，也进一步地提升学生的美术学习效果。

二、小学美术课堂融入文化自信的教学实践

（一）在欣赏中融入文化自信

小学美术和教学中欣赏课是其重要的组成部分，通过美术欣赏与评价课程的开展可以帮助学生更好地发现美，并在对美术作品了解的基础上，提升学生的审美情趣，在对美术作品进行欣赏的过程当中，更好地遵循相关的原则，也就是在对美术作品了解的过程当中，能够更好地理解其中所表达的思想内涵。只有这样才能够真正地对作品有更深层次的理解，更好地挖掘作品本身所具有的内涵，从而提升学生的审美能力和意识，让学生更多地了解文化所具有的本质，并在潜移默化当中受到熏陶，帮助学生塑造正确的三观。在欣赏课教学中不仅能够让学生习得相关的美术知识，也能够在作品欣赏中进一步地深化对知识的认知，强化文化自信，这对于学生的后续学习和成长都具有极为重要的作用和价值。为此，小学美术教学中要能够在结合欣赏课教学中融入文化自信，以此对作品有深层次的解读，达到欣赏教学的目的，提升学生的审美意识，也促进学生综合素养的提升。

（二）实践活动中融入文化自信

小学美术教学中，为了更好地融入文化自信，要注重强化学生的积极主动性。为此，就需要在小学美术教学中，结合美术知识达到对知识的灵活应用，需要认识到小学美术课程并不是单纯的理论课程，还需要强化学生的实践能力，这也是新课程教学理念对小学美术课程提出的要求。教师要能够

从思想层面认识到实践所具有的价值，进而帮助学生提升服务意识。从美术知识的学习到美术作品的创作和实践，不仅能够灵活地应用知识，也能够传达学生个人的思想和情感。通过这种方式，能够更好地促进学生的身心健康成长。为此，在小学美术教学中，融入文化自信，能够更好地发挥实践教学所具有的作用。如在新春佳节时，可以充分基于年画主题，引导学生通过网络交流的形式寻找有关传说，并让学生以小组合作或者是独立创作的形式制作一些作品。通过这种形式能够更好地让学生传达自己的想法，也在这个过程当中强化学生的实践能力，而学生在实践操作的过程当中也能够感受到快乐，优化教育教学效果。

（三）在文化艺术中融入文化自信

小学美术教学中，为了更好地融入文化自信，还要能够与文学艺术相互融合，让学生认识不同时代的书法大家。通过对这些作品进行深层次的剖析，能够给学生带来不同的感受。而在这些绘画作品当中，也包含爱国主义教育方面的内涵。在小学美术教学中，要能够在结合知识内容的基础上，合理地进行选择，为学生构建相应的意境，对作品进行展示，从而让学生真正地感受到文化所具有的魅力，不断地完善自身的知识体系。

小学美术教学中要能够认识到美术作品往往是作者对情感的表达，在对美术作品进行欣赏的过程中，事实上也是通过其外在形式对内涵进行诠释，并体验其中所表达的情感。但是，在当前小学美术教学中，可以发现很多教师相对忽视学生欣赏的过程，直接给出欣赏的结果，这样也就导致学生并不能真正地理解作品本身所具有的内涵。而通过文化自信的融入，则能够让学生深层次地解读其中所表达的文化内涵，有助于学生对作品本身内涵的理解，从而达到优化教育教学效果的目的，这对于学生作品欣赏能力的提升具有极为重要的作用和价值。

（四）基于生活元素，融入文化自信

文化本身经过了长时间的积累，在小学美术教学中，要想提升文化自信，也需要融入学生的实际生活，让学生认识到美术以及文化内容与和自身实际生活之间的联系。如在学习“飞天”作品时，可以引导学生到博物馆听讲飞天背后的故事。有利于学生在学习当中能够发现美，并将文化的融入与现实生活之间相互联系起来，从而达到优化教育教学效果的目的。融入学生熟悉的生活化的元素，能够更好地激发学生参与美术知识学习的积极主动性，也能够在融合知识的基础上让学生感受到文化的魅力，构建完善的知识框架和知识体系，便于学生对美术知识的进一步认知，优化教学效果。

小学美术教学中要能够有意识地融入文化自信，不仅可以让学生习得相关的美术知识，也能够提升学生的文化素养，为学生的后续学习和成长做好相应的铺垫。在小学美术教学中，还要不断地探索融入文化自信的相关措施，从而达到优化教育教学效果的目的。

（五）基于审美情趣培养文化自信精神

1. 融合多种素材，培养小学生的美术审美情趣

作为一个优秀的文明古国，我国有着源远流长的历史，在漫长的发展过程中，我国渐渐形成了深邃而又神秘的传统文化。传统文化是民众千百年来生活和学习实践的产物，也是古人智慧的结晶，因此，在小学美术的教学过程中，教师可以通过灌输传统文化，让学生的心理和思想受到洗礼，在潜移默化中培养他们的审美情趣。

比如，在学习“星空的联想”这节课的内容时，教师可以给学生讲“嫦娥奔月”“玉兔的故事”等古代神话传说。在讲述这些故事的过程中，学生视野能够得到开阔，同时，知识也得到了丰富，最重要的是，学生对中国传统文化有了一定的认识和了解，对于美术知识，他们会产生更加强烈的求知欲，在传统文化的滋润下，他们的审美情趣也会逐渐得到培养。

2. 充分运用传统文化，培养小学生审美情趣

传统文化具有多元化的艺术形式，而这也提供给小学美术教学丰富多彩的教学素材，例如，传统文化艺术当中的脸谱、剪纸等艺术形式，具有多样化的美术元素。

第一，传统文化是漫长的历史中人民群众在生产生活当中获得的实践经验的总结与发展，集中体现出我国劳动人民的智慧，是我国不同历史时期长期积淀下的历史文化的结晶。例如，教师在教学“星空的联想”一课时，可由教师运用民间传说故事，来充分促进学生的想象力，教师通过讲述民间故事，既能够有效地拓展学生的创新思维，同时还能够促进学生学习美术的兴趣。

第二，在小学美术当中，充分地应用传统文化，不仅可以让学生较好地认知到在传统文化当中，如何有效地展现出自身的美术元素，例如传统建筑艺术当中的对称布局、传统的重色、淡墨的色彩等，还能够让学生将美术理论知识与实际技能紧密融合于现实生活，有效地促进了学生深入理解与掌握美术知识与技能。

3. 借助于欣赏名画，真实体验中国传统历史文化

中国传统的绘画艺术博大精深、源远流长，历代所传的绘画艺术作品，充分展现出不同的历史阶段的社会风貌、艺术风格、审美意趣、艺术成就。教师引导学生去欣赏历代所传的绘画艺术作品，就好似“穿越”到不同的历史时期，使学生能够深入地认知与了解历史进程与绘画艺术，能够更加深入透彻地感悟中华优秀传统文化。教师在教学当中，要善于指导学生学习与赏析绘画技法，并认知与了解画家的绘画创作背景。唯有深入地认知与了解了当时的社会背景，方可真正地去体悟绘画当中所展现出的艺术的意境，使学生能够深入地理解与掌握传统中国画的艺术美感。

例如，在欣赏晋代顾恺之的《洛神赋图》绘画作品时，教师可安排学生先进行欣赏，再讲述欣赏后的感想。学生立刻回答画面描绘了曹植于洛水河畔与洛水女神邂逅的情景。教师再给讲述学生顾恺之的绘画故事，并在讲述完之后，安排学生再次进行画作的欣赏，让学生进行更加深入的感悟。学生从画家创作绘画的历史背景当中，认知与感悟到艺术的大美，从而有效地提升学生的审美意趣和艺术鉴赏力，并深入地认知与理解了中国历史与文化。

4. 通过诗词来促进学生鉴赏品位的提升

能够让学生在学习与掌握古诗词的过程当中来获得艺术灵感，并运用到美术学习当中，从而彰显出传统文化的无穷魅力。在整个学习过程中，评价可有效地拓展课堂教学的深度与广度，让学生通过快乐学习促进学生对美术活动产生浓厚的兴趣。源远流长的古诗词，充分体现出了我国光辉灿烂的历史文化，古代诗词，无论是描写景物，还是描写人物，都栩栩如生、惟妙惟肖，让学生看后能够印象深刻。在课堂教学当中通过评价古诗词，既能够有效地提升学生学习美术的主动性，还能够潜移默化地促进学生的艺术品位的提升。

传统文化在小学美术教学当中具有丰富多彩的表现形式，充分激发起了学生学习美术的浓厚兴趣，并让学生获得真实的美术体验。在学生传承与发展传统文化的过程当中，有效地提升了美术的鉴赏能力与创新能力。让美术课堂教学展现出多样化的教学方式，能够有效地提升学生的美术素养和美术综合能力。

三、中西艺术文化对比中培养文化自信精神

在中国的传统文化中，不论是中国书法、中国写意画还是中国剪纸艺术等，至今都传承已久。

中国传统的山水画以及花鸟画，与西方的绘画成分相比，就十分的自然，中国在文化发展中主要的体现就是对于自身表现力的认知，与此同时，在探索上具备自觉性。又如，宋代王希孟的《千里江山图》、梁楷的《泼墨仙人图》等作品中，无不将中国画的水墨情趣表现得淋漓尽致。在西方现代派绘画尤其以蒙德里安和康定斯基为代表的冷抽象和热抽象作品，这些艺术家虽然以抽象的形式表达和激起人的情感，但和中国书法的抽象艺术比起来还是相形见绌，中国的书法是极其抽象的艺术，南朝书家王僧虔在《笔意赞》中说："书之妙道，神采为上，形质次之，兼之者方可绍于古人。"这里，强调以形写神，形神兼备，中国书法点画线条就有着特殊的要求。要求具有力量感、节奏感和立体感：点如高空之坠石，横如千里之云阵，竖如万岁之枯藤，线条极富力度，中国古代往往以"锥画沙，屋漏痕"来描述书法线条的力道。中国书法以极柔软的毫毛，表现出极其刚劲的线条，这是西方抽象艺术所不具备的。在国内，书法就是一种传统文化的体现，特别是在运笔上，有特别多的讲究，首先就是要掌控节奏，比如在粗细这一块就要十分注意，同时还有大小、长短等都不能忽视，基于此，进而呈现在书面上才具有其本身的特色。在中国的书法中，经常会将自己的所闻所见引入其内，比如，在古代，张旭看见了一位公主与一个担夫争论，又闻鼓吹之音，进而领悟了新的笔法，还有观公孙大娘舞剑而悟草书之神等，中华文化的传承从古至今已经有五千年的文明，是西方文化远远无法感悟和比较的。

在中国，水墨画也是一种文化体现，水墨画看似简单实则十分复杂，只

需要墨水这一个介质，就可以表现出多种的形态，进而给人以不同的视觉感受。不着一色，大片留白，让观赏者感觉到五彩斑斓，并留下广阔的想象空间，可见中华文化的博大与精深。在中国古代雕塑中，如汉代的说唱俑，其整体的造型十分诙谐，并且生动又形象，那种情态体现得十分夸张，充满了戏谑之意，将其本身的诙谐气质，发挥得淋漓尽致。又如秦朝时期的秦始皇兵马俑，其规模十分壮观，在每一个兵马俑的塑造上，大多数都是以现实中的生活作为主要的出发点，并且勾勒的手法极其细腻，虽然很细致但是又感觉出一丝丝的明快之意。每个陶俑的装束、神态都绘声绘色、各不相同。相比古希腊古罗马雕塑《米洛斯的维纳斯》《命运三女神》以及文艺复兴时期的米开朗琪罗的《大卫》等，他们基本上都是具象艺术，从而限制了人们的想象空间。将这些与中国古代的那些作品相比，中国具备的不仅仅是工艺，还是一种艺术的载体，更是一个国家的文明，而西方国家中的作品，明显无法相提并论。

又如，在中国古代的建筑中，有很多的流派，徽派建筑就是其中之一，徽派建筑的主要特点就是粉墙黛瓦，其主要的原材料就是砖和木还有石块，并且主要的基本构架就是木头。石雕、砖雕结合为一个整体，兼以书法、绘画、刺绣、家具等布置，加上环境园林设计，使得徽派建筑不但富含中华文化的底蕴特色，还能彰显中国道家思想，以及人与自然和谐统一的建筑特点。西方古代代表性建筑古罗马建筑与中国古代建筑相比，他们主要注重建筑的外形变化，以及建筑的牢固度，具有鲜明的西方社会特色。但是与中国的建筑风格相比，缺少了中国徽派建筑的中庸思想，以及文化内涵，所以说在多方面还是略显薄弱。中华文化的传承历史悠久，不论是在任何一方面，任何一个细节，都具备一定的文化意义。

中国古代美术在绘画、雕塑、建筑方面有着西方不可比拟的艺术表现力，中国的文化十分悠久，并且流传至今，这与中国人民的勤苦劳作是脱离不开关系的，人们在劳动的过程中，就创造了文化。在古代中国的瓷器、丝绸、茶叶等沿着古丝绸之路走向世界各地，中国的文化艺术也一并走向世界。但是现阶段随着中国改革开放和中西方文化的交流，中国年轻人已经对西方的价值观和艺术观有所了解，但是很多人逐渐被西化，急于想去了解西方文化，而严重忽视了中国文化，此类思想从根本上与中国的传统文化并不相符，应将中国古代的美术文化进行传承并进一步发展，才能使中华文化的自信得以根植于心，不论处于何时何地，中国的文化因其源远流长的历史发展，在当今的国际社会中，保持着绝对的自信。

四、“双减”政策下小学美术教学中融入传统文化

小学美术教学中包含很多丰富的传统文化内容，通过传统文化的融入，能够让学生更加积极主动地融入知识学习之中，感受到知识学习所具有的乐趣，优化教育教学效果。为此，在小学美术教学中，要能够在基于知识内容的基础上，融入传统文化，丰富知识内容，促进学生学习效率的提升，同时也让学生感受到美术知识学习的魅力。

小学美术教学中，通过对传统文化进行渗透，能够让学生更好地感知到传统文化本身所具有的魅力，让学生更好地了解到有关传统文化的相关知识内容。小学阶段的学生作为未来社会发展的接班人，在小学美术教学中就要着重对学生的审美意识进行培养，让学生感受到传统文化所具有的乐趣，进而习得相关的知识内容，也提升对传统文化进行传承的意识。小学美术教学中，通过对传统文化的渗透，对于艺术的发展也具有极为重要的作用和价值，在渗透传统文化当中，包含比较高的文化精神，具有很高的价值。要注重对传统文化的相关作品进行欣赏，以此在潜移默化当中促进学生审美意识的提升。美术对于小学阶段的学生来说，具有比较高的兴趣，但是所学习的知识内容却与学生的实际生活之间具有一定的距离。为此，在小学美术教学中，要注重结合学生的实际生活，融入学生熟悉的知识内容，从而使得知识内容的学习更加丰富，也能够促进学生美术实践能力的提升，促进学生美术素养的优化。

（一）融入实例，融合传统文化

传统文化本身相对比较丰富，也具有很多形式。为此，在小学美术教学中，将传统文化融入其中时，不仅要让学生习得相关的知识内容，也要对学生的情感体验进行丰富，从而让学生感受到知识学习所具有的乐趣，强化学生参与知识学习的主观能动性，进而让学生更加积极主动地参与到传统文化

的知识学习中，以此更好地促进学生美术素养的提升。

如在学习“神鸟变树”相关知识内容时，在教育教学中可以通过网络的形式丰富所学习的知识内容，为学生展示与之相关的艺术作品。通过将传统文化深透其中，能够给学生以多种感官的刺激，强化学生参与知识学习的积极主动性，从而更好地优化教育教学效果，鼓励学生对作品进行绘制。鸟是学生实际生活当中比较常见的动物，但是学生在实际生活当中确实缺乏对鸟进行近距离观察的机会。为此，在对知识内容进行讲解时，要能够从学生的实际生活出发，丰富所学的内容，强化学生参与知识学习的主动性。

如在教学中，可以为学生引入作品《美丽的孔雀》或者是呈现《写生珍禽图》，通过融入传统文化的形式，让学生深层次地剖析其中的知识内容，学生也能够更好地感知其中的文化内涵并对其进行构思，也进一步地完善学生的艺术理念，从而对传统文化有更加深层次的认识，优化教育教学效果。

（二）开展多样化活动，强化审美体验

小学美术教学中，在对传统文化进行渗透时，可以利用多媒体的形式，为学生展示相应的作品，以此对作品进行鉴赏，也让学生捕捉其中的信息，优化知识学习内容，激活学生的思维。在学习过程中，最为重要的不是学生学习到了多少知识内容，而是要给学生带来一定的学习体验。为此，教学中，可以利用多媒体的形式展示相关的作品，为学生提供学习的机会和平台，也给学生的感官带来更多的刺激。让学生能够更加积极主动地融入知识学习之中。

如在学习“彩云衣”的相关知识内容时，教学中可以利用多媒体的形式为学生展示相关的图片，对图片内容进行思考。要注重发挥其特点，从形状、颜色等方面进行学习，开展深层次的交流，教师在教育教学中也要引导学生做出个性化的理解，要能够对学生进行实时的引导，鼓励学生深层次地思考分析，能够从传统文化的视角对问题进行分析与解决，以此更好地习得相关的知识内容，如有的学生认识到服装会有不同的风格，也会展现出不同时代所具有的特点；有的学生会喜欢不同风格的衣服。在教学中，要能够针对学生的理解做出适当的点评，并鼓励学生更加积极主动地参与到知识的学习中。通过这种形式，能够便于学生更好地完成知识的学习，也能够进一步地强化学生对知识学习的积极主动性，丰富学生的体验，从而更好地提升教育教学效果。

（三）加强赏析，认知价值内涵

小学美术教学中传统文化的融入是其重要的组成部分，通过传统文化的融入能够让学生更深层次地捕捉其中的价值和内涵，让学生感受到传统文化所具有的作用。为此，在小学美术教学中对传统文化进行渗透，能够让学生感受其魅力，强化知识与传统文化之间的联系。利用多媒体的形式开展教学，强化学生之间的互动交流，并对学生的学习进行有针对性的指导，激发学生融入传统文化知识学习的积极主动性，从而优化课堂教学效果。在教学中，也可以基于学生的具体作品进行探索，感受知识学习的魅力，同时为学生提供自主学习的空间和平台，对传统文化进行感受点评，说出自己的想法和见解。通过采用多样化的方式方法引导学生深入探索传统文化所具有的魅力，能够真正地让学生感受到传统文化学习所具有的乐趣，也进一步优化小学美术课堂本身的教学模式，强化沟通交流。让学生在课堂氛围当中主动地去思考，提升学生参与到知识学习中的积极主动性，从而更好地促进学生思维能力的提升。

第五节　书法教学中培养学生的文化自信精神

书法是我国传统文化的重要组成部分，也是一个人文化素养的有效体现，书法教学的有效开展不仅能够让学生充分地了解我国传统文化的魅力，还能够使学生学习书法教学中的持之以恒的高尚品质，同时可以有效地提升学生的审美意识，对学生综合素质的提升起着良好的作用，进而促使学生全面发展。

一、打牢书法理论知识，形成正确书写习惯

书法不仅是一门学问，而且也是一门极具艺术气息的学问，所以教师要指引学生们在正式展开书法练习之前首先要能够打牢自身的书法理论知识，同时也要能够在练习的过程中逐渐形成正确的书写习惯，只有这样，学生们的书法水平才算有质的提升。对此，很多初次学习书法的学生一上来就直接在纸上练习写字，越过了书法理论知识的学习，这只会造成学生们在后期因为基础理论不牢而学得“四不像”。学生们在学习书法之前，先要去真正了解书法的历史，书法作为我国民族文化的一种代表文化，其内涵也是博大精深的，有很多知识值得学生们去了解和学习，而学生们在掌握这些内容后的书法练习也将会有事半功倍的效果。

例如，首先，教师在教学时可以教学生正确的拿笔姿势和书写姿势，并且给学生进行正确的示范，引导学生去尝试模仿和学习，然后教师再针对不同学生的握笔情况对学生进行针对性的指导，使学生有效掌握书法的基础技

能。其次，教师可以引导学生去观察不同类型的字的结构特点，如有的是上下结构，有的是左右结构，还有的是全包围结构等，进而使学生了解不同字的形体美。最后，教师可以教学生先对不同的笔画进行临摹，然后再引导学生临摹不同的字形，同时教师对学生进行适当的指导，进而逐渐使学生养成一个良好的书写习惯。

二、丰富书法教学形式，增强书法学习兴致

书法作为一门不同于传统学科的学科，教师也要能够去不断研究和丰富其教学形式和内容，让学生们能够对书法学习产生更强烈的好奇心和求知欲，也只有这样学生们才会坚持学习书法。书法知识和技能的学习是一个长期的过程，甚至可以说是一辈子的事，学生们仅靠短暂的学习是无法真正掌握高质量的书法技能的。所以教师就要去考虑如何优化教学模式，这样才能够让学生们对书法学习有着足够的动力，基于这一要求，教师就要能够边教学边去总结不同学生的实际学习情况，从而不断地优化和完善书法教育体系。

例如，教师在教学时可以首先利用多媒体收集一些我国不同时期的字体图片并展示给学生，从而不仅可以使学生充分了解我国书法的发展史，还可以引导学生观察不同的字体，有效地激发学生对书法的学习兴趣。另外，教师在教学时还可以利用讲故事、做游戏的形式导入书法教学内容，从而激发学生对书法的喜爱，并促使学生更加积极地参与到课堂教学中，增强课堂教学的主体性。同时，教师可以开展一些书法竞赛活动，进而有效地激发学生之间的竞争意识，为学生创建出一个良好的书法学习环境。

三、开展书法分层教学，培养学生书写技能

书法可以说是一门爱好，但是由于其不是中高考中的考试项目，再加上书法学习有着一定的难度，并不是所有的学生都适合练习书法，所以这也就要求教师要能够主动开展分层教学，根据不同学生的实际情况来指导他们掌握不同层次的书法技能。对此，教师也就要能够保证动态分层的原则，而不是根据学生们某一次的书法练习来确定学生们的水平，更要能够看到学生们进步的空间，在此基础上不断增强学生们的练习信心，让学生们更加热爱书

法练习，并且能体会书法练习的快乐和价值意义，最终有效地提升每一位学生的书法水平。

例如，教师首先可以根据不同学生的书法综合能力将学生进行一个合理的分层，然后再根据不同学生的实际情况开展分层教学。如对于书法综合能力较弱的学生，教师可以注重加强对学生的书法基础知识的学习与巩固，使学生有效掌握书法的基本技巧；对于书法综合能力一般的学生，教师可以注重引导学生去临摹范本，从而使学生可以习惯正确的书法书写方式；对于书法综合能力较强的学生，教师则可以引导学生去多练习书写，让学生去多练习写一些不同类型的文字，进而有效地帮助学生提升书写技能。

四、加强书法队伍建设，保证书法教学质量

书法的教学对于教师的专业能力要求相对来说是比较高的，因此，学校要注重对书法教师专业能力的培养。首先，教师可以在平时通过多种途径自主学习书法理论知识，巩固自己的书法技能。其次，学校也需要定期组织各书法教师去各地进行一些专业培训，或者让书法教师去参观一些优秀教师的教学，并与其进行经验交流等，进而，才能够为学生培养出一个优秀的书法教师队伍，以此有效地保证书法教学的质量，进而使书法教师能开展更高效率的书法教学活动。

例如，首先学校可以组织教师定期去参加一些正规的书法技能培训，或者让教师参加一些书法专家的讲座等，有效地巩固书法教师的基本功，提高教师的专业能力，从而更好地服务于学生。其次，教师也要不断地通过阅读书籍、网络研修等途径学习一些书法基本理论知识，然后也要去及时地了解和更新自己的教学理念，然后再结合本班级学生的实际学习情况创建出一个高效的、创新的书法教学模式，从而有效地增强学生学习的积极性，保证书法教学的质量。

书法教学的有效开展是一个长期且艰巨的过程，教师需要首先提高自己的专业能力和文化素养，然后再以更加有效的教学策略对学生实施教学，进而才能够有效地提升学生的书法技能，培养学生的审美意识，同时使学生逐渐养成良好的个人习惯，为国家培养出更加综合、全面的人才。

第六节　英语教学中培养学生的文化自信精神

英语是国际通用性语言，学习英语有利于了解国外文化，但是站在文化自信视角下看，学习英语重点在于输出本国文化，构建本土中华文化，用英语畅谈中国故事，用英语传播中华文化魅力，在课堂上通过学习英语的教学路径，优化义务教育阶段英语教学培养模式，综合提升小学生文化自信精神。

一、文化自信视角下小学英语文化教学问题

小学生正处于认识世界的成长阶段，他们所接触的文化知识、观察到的文化现象都将影响着学生的思想认识，而只有让学生明白中华文明对于人类社会发展所产生的巨大作用，深入感受文化的现实影响，才能使其树立坚定的文化自信，并促使学生主动参与到我国传统文化的传承与创新教学实践中。

（一）中国文化素材元素较少

一是英语教材在编写中是按照外国人的日常交流逻辑进行的，在设定的场景上和模拟的沟通情景上都是根植外国文化的具体情况，难免忽视中国本土文化在英文表达和日常沟通上的跨文化差异，教师在课堂上也是以教材讲解为核心，输出外国文化而不自知。二是在教材和考试中能体现中国文化元素的情况也较少，一般在出题阶段都是考查英文语法、英文发音、英文语句和英文单词之间的联系与区别，很少有提出这个单词或情景用英语如何表达

的情况，学生知道蛋糕的英文是Cake，但是不知道馒头的英文如何表达。三是在课堂上，英语教师很少提及文化自信的话题，反倒是能举出外国国家的风土人情、人情世故、生活场景和日常生活等内容，相比较而言，中国本土的文化属性和文化元素没有在英语课堂上充分体现，同时也没有促使学生对自身文化的喜爱和认同。

我国中小学使用的英语教材绝大多数内容体现了英美国家的物质文化、习俗特点以及价值追求，而对于中国文化的英语表达却被大大忽视甚至缺席。英语教材中中西文化的比例失衡影响了语言学习者对母语文化的学习，进而也会影响学生们对中国传统文化有关内容的有效输出。例如，很多小学生在用英语介绍中国传统节日时选择了春节，而如果要求其进一步介绍春节的来历以及文化内涵，则非常困难。但学生对于西方的复活节的背景和文化习俗却展现出极大的兴趣。这一现状极大地影响了跨文化交际中目的语文化和母语文化的双向交流，也阻碍了学生跨文化交际能力的提高。

（二）中国核心文化提炼较少

对于中国核心文化的提炼主要在于文化认同和文化输出两个方面。一是文化认同的缺少在于教师在课堂上没有通过教材或课程主题提出本国的民族文化共性特征，比如在学习Module 9 Unit 2 Happy birthday!单元时，教师并没有将外国过生日的场景转化为我国小朋友过生日的场景，反倒是加深了过生日要买蛋糕的潜意识，忽略了对中式生日纪念的表达仪式的认同教学。二是在文化输出方面，通过教授英语课程，最直接的感受就是外国文化对我国教育领域的巨大冲击，比如在学习Module 10 Unit 2 That is his car单元时，不免有学生提问题说“外国人都开车吗”的类似问题，如果教师文化意识问题认识不足，必然导致学生有崇洋媚外的心理表现。

（三）文化感知意识薄弱

在学习英语的过程中，首先，教师应引导学生从文化角度感知英语文化与汉语文化的区别，从而推进其在英语语言的逻辑中，从本质上把握知识。但是当前有部分教师忽略了这一过程，将英语学科的讲解过程完全看成知识传授的过程，长此以往，学生对于英语的学习具有局限性，并且其无法在特定的文化角度下深刻理解英语知识，这样一方面不利于学生产生学习兴趣，另一方面学习成效较低。

二、将中华优秀传统文化融入小学英语教学中的重要意义

中华优秀传统文化是在我国不断发展过程中形成的内容，将其融入小学英语教学中，可以增强学生对我国优秀传统文化的认同感，提高学生的语言综合能力，并实现对学生辩证文化意识的培养，帮助学生树立文化自觉与文化自信，推动学生未来更好地发展。

（一）帮助学生形成良好的文化品格

文化品格通常情况下指的是在如今全球化发展的背景下所表现出来的知识素养、行为取向以及人文修养等。实际上，英语学习过程属于文化学习过程与品格塑造过程。小学英语教学可以为学生未来英语以及其他知识学习打下良好的基础，在英语知识的学习过程中，可以接触很多欧美国家的节日、风俗习惯等，了解更多不同的文化知识。与此同时，小学生由于年龄因素、生活阅历等因素影响，很容易受到外来文化的冲击与影响，从而形成错误的价值观念等。为避免这一情况出现，可以将中华优秀传统文化融入英语教学中，促使中华优秀传统文化能够对学生产生潜移默化的影响。帮助学生塑造良好的文化品格，树立正确的思想价值观念。

（二）提高学生的跨文化交际能力

在小学英语教学中，不仅要培养学生听、说、读、写的能力，而且还要将培养学生的跨文化交际能力作为重点。文化输入与输出，在英语教学中是一项重点内容。学生只有从根本上理解，并且掌握更多母语文化与目的语文化，才能实现跨文化交流。将中华优秀传统文化融入小学英语教学中，促使学生的传统文化知识可以得到丰富，增强对国家的热爱之情，这样，学生会逐渐具备中华优秀传统文化传播能力与跨文化沟通能力。

三、文化自信视角下小学英语文化教学策略

（一）增加文化元素

小学生的英文教材最易融入中华文化元素内容，了解外国生活和讲好中国故事，两者之间并不矛盾。比如在“Food”“Drink”和“Clothes”

的英语文化教学板块，可将“The Americans invented the aeroplane.”改为“The Chinese invented the compass.”将Food修改为与中国饮食文化相关的内容（Chinese food is famous all over the world. I love Chinese food），通过呈现来自中国各地的特色美食，展示中国地域的辽阔与饮食文化的多样性。不仅丰富了教学内容，也突出展现了中式美食文化的魅力，同时，通过对比使学生也认识到中国饮食的博大精深，更加对中式美食充满自信。此外，通过学生自己探索和发掘把在教材中有外国音译的食品类表达全部修改为中式拼音表达，指代更加简洁和准确。在学习 Numbers（数字）表达和句型时，教师可以通过教材中打电话的故事情节，引导学生发现中外文化之间的区别，熟悉外国人日常交往的特点，反观自己国家实际生活的文化内涵，发掘属于本国的文化元素，增加对本国文化核心内容的认同感，使学生掌握英文语言的运用并受到本国文化的品德熏陶，进而增进中国学生的文化自信。

（二）提升教师素养

教师的文化素养直接表现在课堂，同时也影响和引导学生的本身素养。英语教师更应该学习中国文化，大量阅读和积累中国优秀传统故事，把教材上的主题与中国优秀传统品德故事相结合，例如在“Fruit”主题教学中，教师在介绍各种水果，如苹果（Apple）、香蕉（Banana）等时，可以引入中国跟水果有关的传统故事，比如孔融让梨的故事，这就是把英语教学与本国文化相结合的最好表现。这也要求教师充分发掘中国文化精髓，提炼文化内涵，选取优秀文化故事使文化元素内容落实在课堂，体现在教师讲解中。

（三）加深文化对比

文化自信的直接表现在于比较认同，世界上没有不能比较的事物，语言也不例外。英语教师通过英语课堂教学，一边是输出外国语言世界的繁华，另一边是熏陶着本国文化的传统韵味，虽不合而同质，都是直接对文化层面的比较。这就要求教师在授课时及时提炼中式思维，积极引导学生认同本国文化，合理尊重外国文化特点，遵循小学生学习外语的普遍规律，循循善诱，在加深文化对比的同时，突出中华文化的魅力与精神内涵，促使学生喜爱和认同中国文化。

学生是国家的希望、人民的未来，在文化自信视角下小学英语文化教学理应树立以爱国主义为核心的主体价值观，积极引导学生学习传统文化精髓，尊重外国文化特质，在跨文化交流中努力凸显本国文化精粹，探索和展示中华文化博大精深和源远流长的优秀文化积淀。

（四）通过生活观察创设文化情境

文化并不是虚无缥缈的，从存在形式来说，文化包括物质文化、精神文化两类，而每个人都将潜移默化地受到文化影响。在组织传承我国传统文化之前，小学英语教师便可设计组织生活观察活动，丰富学生的文化感受，在此基础上导入文化教育，便于激发学生的文化自信心。

比如在“Hello”单元教学中，我们便设计了一个生活观察任务：学生抽出空闲时间观察身边的人是如何与他人打招呼的，双方的交往礼仪体现着双方具有怎样的关系。我国是一个礼仪大国，小学生每次见到同学、教师、家人、邻居时都会用不同的方式与他人打招呼，而这就有利于引导学生探究我国传统的文明礼仪知识。学生通过生活观察发现每个人打招呼的方式都不同，比如父母与邻居打招呼时比较随意，会询问对方是否吃饭、要去哪里；同学之间打招呼的方式则比较灵活，比如有的学生会直接说“Hello”，有的学生则会直接搭住同伴的肩膀，还有的学生会招手问好；教师与学生打招呼的方式也比较统一，微笑问好、点头示意，有时候会嘱咐同学小心脚下……在此基础上，教师便在“Hello”单元教学中展现了中西方不同的问候方式，告诉学生西方国家并不会在见面时询问对方去向，而是会谈论天气，以示礼貌。这就引起了学生的好奇心，他们也在英语课上主动分享了见面礼仪，展现了新时代小学生应有的文明形象。从这一案例中可判断，引导小学生传承我国传统文化是自然而然发生的，与小学生的生活经历密切相关，所以教师应主动引导学生分享自己的生活体验，并围绕传统文化教育主题设计生活观察活动，使学生不断汲取生活智慧，树立文化自信。

（五）加强跨文化交流

语言交流实际上属于双向性行为与互补性行为，在小学英语教学中，通过中华优秀传统文化的融入，可以实现对中西方文化差异的探究，促使相同之处可以得到进一步强化，将中华优秀传统文化正迁移作用发挥出来，促使学生对我国优秀传统文化知识能够有正确的认识与了解。比如，在学习“教师节”的相关知识过程中，可以将美国教师海伦·凯勒与语文教材中的“孔子拜师”故事相互联系，通过该种方式，使得学生能够意识到孔子对于我国教育事业发展的巨大推动作用，并对孔子积极的生活态度进行感受，从不同方面了解中华优秀传统文化，学生文化自觉与文化自信会在这一过程中得到提升。

除此之外，教师还要根据每个单元所讲述的不同内容，将《花木兰从军》《神笔马良》等优秀传统故事与教学内容之间进行有机结合，将其融入语言知识中。在帮助学生掌握更多语言知识的同时，促使学生对优秀传统故事内涵等有正确的了解，树立学生的学习自信心，这样学生更愿意参与到中华优秀传统文化的学习中，主动进行优秀传统文化学习。帮助学生在英语知识学习过程中，形成良好性格、乐于助人的良好品质等。比如，教师可以带领学生观看《花木兰》电影，电影采用的是英语配音，在观看过程中学生可以学习语气、声调等，这对于学生口语能力的提升可以起到良好的促进作用。在观看电影片段之前，教师可以向学生讲述故事梗概，帮助学生更好地理解花木兰精神。

第七节　体育教学中培养学生的文化自信精神

中国是拥有五千年历史的大国，如今传统文化仍在流传，并且充分证明人与社会的共同发展。传统文化成为中华文化的精髓，其影响着学生思想品质的培养以及陶冶着学生的情操。因此，在体育新课程标准背景下，需要采用全新的方式将体育课程及传统文化有效结合，在最大限度上展示出两者融合之后的优势及特点，进而结合基本规律展示传统文化与小学体育教学融合的重要意义。

一、传统文化与小学体育教学有效融合的重要性

我国传统文化历史悠久，其有着耐人寻味的基本特点，不仅是我国传统文化的重要精髓，同时还是教书育人的主要方式。因此，在小学体育教学过程中，教师应当将传统文化融入小学体育课程的教育教学中，应用传统文化有效培养小学生的心态及行为，不断转变小学生的思想、行为及心态等各个方面。同时，应用我国传统文化全面培养小学生的优良品质，并为小学生树立正确的价值观念，进而全面培养其道德素养及德育素质。

对小学生开展体育教育工作的同时，需要将传统文化与课程相结合，不断丰富小学体育课程的教学模式及教学内容，全面提高传统文化融入小学体育课程的学习兴趣及热情，在最大限度上不断创新及创作全新的教育方式及形式。与此同时，在全面促进小学体育教学活动的过程中，教师开展体育教学活动的目的是不断增强小学生的身体素质，同时保障教师体育课堂的教学

质量及效果不断提高。小学生思维观念及理念深受重视之后，全面提升了体育课程教学的重要性，保障了体育课堂教学质量及教学效果的全面提升，进而全面推动了我国传统文化在小学体育课堂中的传播及发扬光大。

二、传统文化与小学体育教学融合的策略

（一）小学体育教师了解重视传统文化的教育重要性

在传统文化与体育教学相结合开展教学的过程中，教师应当完全了解传统文化的重要意义及基本内涵，完全掌握传统文化应用在体育课程中的重要作用。因此，在重视体育课程教学活动重要性的同时，教师需要对以往教学模式不断突破，引导学生在体育课堂教学中不断丰富我国的传统文化，并且学会学以致用，不断丰富传统文化资源创新及优化体育课程的教学形式，在最大程度上有效拓展体育课程教育的有效途径。当小学生对体育知识及技能产生兴趣的同时，应当全面开展教育课程，应用传统文化不断开展核心素养教育及德育教育，有效促进小学生综合素质及能力的全面提升。

（二）优秀传统文化内涵的深入挖掘与利用

小学体育课程教学中，应当高度重视我国优秀传统文化及教育活动的重要性，对过于优秀的传统文化进行深入分析及探讨，注重学生在传统文化的熏陶下全面提高综合素质及道德素养。与此同时，在保障体育教学活动有效开展的同时，需要对小学生的德育素质及道德素养加以培养，有效实现小学体育课堂的教学目的及教学任务，最后保障体育课程的德育教育水平有所提升。另外，体育教师可以组织学生在课余时间开展教学活动，比如排球、跳绳、篮球及足球等体育活动，培养学生之间的小组合作探究能力，保障合作意识及团队精神全面提升，同时在开展体育跑步课程的过程中，教师应当培养学生坚持不懈及有耐力的优秀品质。教师组织开展多种类型体育项目的同时，应当培养学生全新的意识观念，为学生树立正确的思想观念及行为习惯，有效培养小学生的思想道德及综合素质。

（三）体育理论课程教学与传统文化融合

小学体育课程属于实践性较强的基础课程，其理论在小学体育课程教学中过于形式化。因此在体育课程中教授专业理论的过程中，应当将较为健康

的知识点传达给学生，并将传统文化与体育课程专业理论相结合，保障学生主动学习体育课程的理论知识及传统文化的内容，进而提高学生在体育课程中的主观性及自觉性。比如，在开展亚健康体育课程教学的过程中，教师应当将正确的理论知识传达给学生，通过实际情况分析形式不断深化关于体育教学的内容，不断拓展学生将两者有效结合，促使学生的体育意识及学习观念全面提升，从而不断丰富体育课程的教学品质及教学水平。

在体育课程的教学中，教师应当将传统文化与体育课程相整合，以保障小学生的综合素质及综合能力有所提升，有效实现传统文化多元素的传承及发扬，充分体现出传统文化的价值。因此，体育教师在完全掌握传统文化的基础特点的同时，已经不断丰富了体育教学内容及教学形式，保障传统文化在现代教学中的有效传播。除此之外，教师应当结合学生所掌握的传统文化，采用多元化教学形式体现中国传统文化的重要性，从而在最大限度上全面促进小学生成为中华传统文化的传承者，有效保障小学生的全面发展。

第七章 7

传统文化理念下的小学语文教育

传统文化是民族发展过程中积累的精华，加强小学生对民族文化的了解，有助于提高学生的语文综合素养。教师在教学的过程中，不仅要让学生掌握语文的基础知识，更要加强对学生良好的人格和道德的培养。传统文化融入语文教育能够最大限度地规范学生的行为方式、思想品德以及民族责任感意识。

第一节　传统文化理念融入小学语文教学的认知

优秀传统文化是一个国家屹立于世界民族之林的不竭动力，也是一个国家的文化根基。作为新时代的接班人，每一个小学生都应该主动学习传统文化，传承民族精神。小学阶段也是学生个性发展的关键时期，将优秀的传统文化融入小学语文教学具有重要意义。

一、传统文化促进语文教学品质改善

在小学阶段，对小学生的培养就是栽培祖国发展的栋梁，他们是祖国发展的未来和希望，所以在他们形成独立的人格思想之前，我们需要用优秀的传统文化对他们进行熏陶、教育和引导，使他们能够培养民族自豪感和民族认同感。在民族自信和民族自尊的传统文化氛围中传承并发扬。而学校是继承和发扬优秀传统文化的重要场所，教师和学校对学生的影响在教育上起着无比重要的作用。学生需要在学校和老师的引导下培养良好的文化认同感以及民族自豪感。就是由于这个原因，在小学语文教学中渗透传统文化具有重要意义。

接下来，随着新课程改革的进一步深入和要求，小学语文教学的质量也有了明显的提高。教师需要将优秀的传统文化教育融入小学语文教学中，使小学语文教学内容更加丰富和系统，这样才容易激发学生的学习兴趣，从而吸引学生的注意力，最后达到寓教于乐的目的。此外，学校是学生一生中最充满活力和具有良好记忆的时期。在这个阶段，把优秀的传统文化融入日常的汉语学习中，在系统学习汉语知识的同时，老师也引导学生感受文化，体验文化，加深对传统文化的理解。随着他们年龄的增长和知识的增多，就能够帮助他们树立正确的世界观、人生观、价值观，培养良好的爱国主义思想，潜移默化地提高了学生自身的文化水平，促进了学生综合能力的提升。

再者，文化和名著作品等是不可分割的。教师可以通过分析名著中的人物和相关历史故事进行文化渗透，或向学生讲解汉字的演变，帮助学生明白传承文化的重要性和自己的历史责任，使学生能够了解中华文化的起源，并帮助学生对课文中的优秀传统文化内容进行更深入的分析和解剖。通过追溯传统文化的源头，了解传统文化的过去和现在，更方便学生了解文化知识，从而积极学习古文、古诗、教科书以及名著中的优秀传统文化，把握好中国传统文化的精髓，并进一步提高学生的学习效率和文化素养。

中国传统文化的内涵是古人的智慧体现，通过一代又一代薪火相传，以及不断的沉淀发展，每一个教师都有责任把中华民族的优秀文化传承下去。而语文课堂始终有着致力于文化传承的重要任务，通过教学生语文知识，端正学习态度，让他们运用正确的学习方法提高学习能力，培养学生传统文化素养。优秀的传统文化是我们国家的宝贵财富，但对学生学习来说会感到无聊，所以我们需要注意使用正确的策略和方法开展教学，能够提升学生的综合素质。

二、传统文化融入语文课堂有助于语文育人

与民族精神一脉相承的传统文化，既是中华上下五千年所展现出的丰富文化底蕴，也在凸显精神文明价值的同时，发扬不同于其他文化内涵的中国风格，使人们在明确自身责任的同时，积极成为传统文化的拥护者。语文是引导学生积累文化素养、探索传统文化价值以及提升学习成效的基础课程，为更好地建立高质量教育工作，教师应通过传统文化引入，使教学内涵更加丰富，才能帮助学生在提升文化底蕴、陶冶情操的同时健康成长。

具有民族特色、文化底蕴以及人文思想的中华文化，是中华民族延续千年的不竭动力。小学教育是帮助学生探索学习规律、积累知识储备、提升认知能力以及养成良好学习习惯的学习初期，只有构建更加高效的课堂，才

能使教育工作顺利进行的同时，满足学生学习规律与成长需求。作为以人文性、价值性、内涵性以及延展性为特点的语文学科，不仅是学好其他知识的基础，同时也是帮助学生积累文化知识储备的重要途径。语文教学内容与传统文化之间有着密不可分的联系，通过文化内容的引入，既可以帮助学生锻炼智力水平，也在拓宽视野、丰富知识储备以及强化思维意识的过程中，发挥出更好的教育效果。教师应重视传统文化的助力意义，进行授课工作时不能在应试教育观点的制约下，将教学重点放在学科考试内容中，而是应通过传统文化的内涵挖掘，结合时代发展要求引入语文课堂。帮助学生既增强学习语文知识的热情，也在探究传统文化的过程中，树立民族自信，并在坚定维护传统文化发展的同时，使中华文化能够更加长远地发展与传承。

小学生年纪尚小，正处于人生观和价值观形成的关键时期，而中国传统文化中褒善贬恶、追求崇高的思想品德、向往理想的道德人格、涵养美好的情操等主导思想都可以帮助小学生形成自强不息、奋发图强的人格和设身处地为他人着想的价值观。因此，小学语文教师要主动传承我国传统文化，突出古人的优良品质与处世哲理，据此启发学生、感染学生，潜移默化地优化学生的价值观，使其形成高尚的道德意识，养成优良的道德行为习惯，为学生的长远发展做准备。

例如，在讲述《纪昌学射》这篇文章时，在课堂正式开始之前，教师可以先询问一下班级里的同学有没有尝试过射箭，或者同学们认为想要成为一名神箭手需要经过哪些训练呢？接着就可以将课堂内容引到对《纪昌学射》的教学中来，在古代有一个叫纪昌的人想学习射箭，于是他找到了神箭手飞卫学习。但是飞卫却并没有直接教纪昌如何射箭，而是让他先学会“瞄准”，纪昌回家苦练两年后终于可以做到即使锥子尖刺在他的眼眶上也不眨一下眼睛。这次飞卫又让他练习学习“视物”，又是三年的时间，纪昌看虱子就像车轮一样大，这下他终于学会了射箭，如愿成为一名神箭手。教师可以通过讲述纪昌学习射箭的故事来告诉学生“九层高台，起于累土”，无论学习什么技艺，都是要从这门技艺的基本功开始一点点学起的，学习者一定要拥有一定的恒心与毅力，其次名师的指点对学习结果的影响也是非常大的，通过在教学中融入传统文化帮助学生们树立正确的价值观和人生观。为了深度刺激学生，教师也可对比学生在学习过程中因为挫折、失败而轻易放弃的具体行为，促使学生积极反思个人学习行为，使其产生羞愧意识。如此，则有可能引导学生学习纪昌学射的精神与毅力，切实优化学生的意志品质，让学生真正懂得不怕苦、不怕累的学习品质，从而从根本上改善学生的学习行为，同时也可促使学生为了自身理想而艰苦奋斗、拼搏奋进。

第二节　传统文化融入小学语文教学的育人策略

传统文化融入小学语文教学，需要讲究一定的策略，如此可达到更好的育人效果。尤其是小学语文教师，一定要不断探索有效的语文教学中传统文化的育人策略与方法，引领学生在体验传统文化的过程中成长。

一、结合经典，加强对传统文化的了解

首先，加强对文化经典书籍的学习，提升思想境界。书籍之所以能够被称为经典，只因源于背后所传达的精神和人文道理。而这些精神对学生的成长具有重要的指引作用。通过与自身进行比较，学生能够清醒地认识到自己的问题并加以改正。比如说，在课堂上，教师应该多引用一些经典书籍如《论语》，不仅包含了智慧的结晶，更给后世留下了宝贵的建议。因此，在课堂教学的过程中，教师应该多引用这些经典书籍，让学生学习、理解和传承书籍背后所传达的价值观。而对经典书籍的学习，教师要敦促学生做好读书笔记。除了教学过程中，教师可以在其他语文活动过程中加强对经典文化的重视，比如说在班级建立文化角，放置一些经典书籍供学生阅读和学习。

其次，结合历史发展过程中的经典人物，提升自我的人格和道德修养。以一代伟人邓小平的事迹为例，邓小平植树造林的事迹众所周知。这位老人经常说，植树造林是一件伟大的事业，不仅可以绿化我们的祖国，更是对社会主义的建设。植树造林能够造福子孙后代，我们必须要一代一代地传承下去。只有绿化我们的祖国，人与自然才能和谐相处，才能够造福万代。从这

个故事可以看出来，作为一位伟人，邓小平以人为本的理念。为了建设社会主义，实现人与自然的和谐发展。邓小平以身作则，植树造林。我们从邓小平爷爷的身上学习到了他认真的态度以及良好的愿望。除此之外，双龙桥的故事更让我们感受到了邓小平重承诺守信用的良好品质。公务繁忙的时候，不忘亲自为双龙桥的重修尽心尽力。作为学生，通过对历史人物和事件的认识，挖掘历史人物优秀的人格和品质。以邓小平等经典人物作为我们学习的榜样，学习他做事认真的态度，以人为本的理念。在学习和生活中严格地要求自己，实现良好人格的塑造以及道德修养的提升，最终让传统文化得以传承。

中国传统文化有数千年的历史，经历过悠久的变迁，我们作为一个继承者，不仅要熟知，还要能够发扬开来，它也受到世界各国人民的喜爱，因此我国人民需要更多地了解自己民族的优秀传统，通过继承和发扬，使得我们民族的优秀文化能够影响更多的地方。

二、运用传统文化，提高语文学习能力

在语文学习的过程中，我们不仅仅要加强对语文基础知识的学习、传统文化的认识，更要强调对传统文化的应用。只有加强对传统文化的应用，才能实现传统文化的继承和发扬。比如说在学生写作的过程中，很多学生缺少素材，无话可说，如果将经典人物、经典书籍适当地引用进作文写作中，不仅能够丰富写作的内容，还能使写作的结构更加地完整。比如说，在教师进行作文教学的过程中，提出以好学为主题的文章撰写。很多学生因为对经典书籍积累较少，所以在写作的过程中很难引用经典。

其实在《论语》这本经典书籍中，就包含了很多好学的句子，比如说，“温故而知新，可以为师矣”，强调的是在学习的过程中，要通过不断的复习去获取新知识。如果将这些句子运用到作文写作中，将会提高作文写作的水平。加强对经典文化的口头应用。所谓口头应用，是指在学生进行语言表达的过程中，多引用一些经典的书籍。如果一个人对经典的知识积累较丰富，能够熟练地应用经典知识、书籍以及人物，那么将会提高他的口头表达能力，同时说话气质大方、内涵丰富。加强对传统的运用并不是一蹴而就

的，这个过程往往需要经历很长时间的积累，同时在积累的过程中学生能够进行思考。而教师对于学生在经典应用过程中出现的错误，要保持容忍的态度，这样才能让学生敢于实践，通过实践过程积累经验。

在学生进行语文课程学习的过程中，教师的课堂教学承担了大部分的责任。作为学习的引导者，教师应该加强学生对经典的认识和应用。语文教材中包含大量的人物与事件，这些人物和事件背后蕴含着丰富的传统文化。教师应该加强对传统文化的重视，转变传统的教学方式，使课堂变得生动有趣。教师和学生共同努力，一起打造富有传统文化内涵的语文课堂。通过这种高效的课程，教师培养了学生文化传承的使命感，让学生自觉地要求自己，成为中华传统文化的合格传承者。

三、在识字教学中融入优秀传统文化

在小学教育中，识字、写作是小学语文教学的重要基础，也是学生掌握读写的重要前提。《义务教育语文课程标准（2022年版）》对于语文教学的相关规定就是这么要求的。在小学低年级，要注重培养学生的民族认同感和自豪感，刺激他们学习了解中国传统文化，加深学生对中华优秀传统文化的感受，要对学生进行启蒙教育，为他们开启认识汉字的大门，认识和运用常用汉字，从而感受汉字的魅力。汉字的历史本就非常悠久，博大精深，是世界上最具文化内涵的文字。小学语文教学就是为传统文化教育提供丰富而有效的学习手段。当我们的祖先创造汉字时，他们通过听到和看到的一切东西比如山、河、海、地、花、树、鱼、虫、鸟等，进行形象理解，然后根据不同事物的声音、形状和意义创造了汉字。每一个汉字都可以看作一幅充满意境的图画，理解成一首回味无穷的古诗，想象成一个翩翩起舞的少女。教师在语文教学中应当培养学生热爱祖国语言文字的情感，让学生充分地认识到中华文化的丰厚博大，更好地汲取民族文化智慧。从文化背景来看，汉字不仅仅是我们用来记录的符号和工具，其本身也包含着丰富的文化内容，是中华文化的瑰宝。每一个汉字都来之不易，在字形中都能看到不断演变的过程，是祖先的智慧结晶。挖掘汉字的文化内涵也是了解、体会我国传统民族文化的重要过程。而从价值观的角度来看，培养学生对汉字的情感，也是培养学生对祖国文化的情感。教师应该通过各种方式的教学让学生产生对汉字学习的兴趣，有主动去认识新字的意愿。

因此，教师可以充分利用汉字识字教学的特点。从汉字的声音、形状和意义入手，介绍它的背景以及发展历程，以激发学生的识字兴趣，让学生热爱祖国的语言，使识字教学的效果能够更好地体现。例如，“休息”中的“休”字是一个人靠着一个木头，就是很形象的表示，在古代，人们劳动完之后会在一棵大树下休息。表示人靠着树木，也就是“休”字。通过对汉字背景的了解，学生可以更好地了解汉字的含义，从而掌握汉字的写法。在拉近学生与汉字的距离的同时，我们可以给学生扩展一下知识，让他们了解繁体字的魅力，喜欢上学习文字的感觉。

例如，在教授学生“雨”字的时候，教师可以先将“雨”字的甲骨文板书在黑板上让学生们认真观察并思考为什么“雨”字要这么写呢？学生们看到“雨”字的甲骨文后脱口而出：“因为是天上下雨，所以这个字看起来就像是水从天上滴下来的样子。”教师可以告诉学生们甲骨文是古代劳动人民刻在龟甲或是兽骨上的文字，其形象更接近我们今天常说的“简笔画”，通过对一件事物的粗略刻画来表达意思，再后来经过不断的演变“雨”字还有很多其他的写法，但是出发点都是在保证形象的前提下尽量将文字简化，方便书写。接着教师可以将“雨”字的篆书、隶书、楷书等写法通过多媒体展示出来，让学生们感受汉字的演变过程。学完有关“雨”字的知识后，教师还可以提问学生还知道哪些像“雨”字这样有象形意义的汉字，利用汉字极具形象化的特点激发学生的想象力和探索欲，帮助学生了解汉字的演变过程以及感受中国传统文化的魅力，最终培养起他们对汉字学习的兴趣。

四、结合教材内容融入传统文化

自古以来，传统文化教育与语文教材的关系是密不可分的。在语文教材中穿插传统文化内容时，并不是简单地停留在对传统文化的记录上，而是进行相应的改编深化。同时，传统文化为语文教材的编写提供了一定的素材。在小学语文教材中，对优秀传统文化进行科学编写，使传统文化能够发扬开来，使得文化之火生生不息也非常重要。

比如，在进行《北京的春节》和《传统节日》的教学时，教师可以为学生通读一次文章，帮助他们先认识一下生字，引导他们对课文进行理解性阅读。然后，为学生详细解释各种节日的由来，联系生活实际，引导学生说说："你和家人年年都过哪些节日？是怎么过节的？"引导学生感知"传统"的意思：春节、清明节、中秋节等，这些世世代代都过的节日就是传统节日；"过春节，贴窗花、放鞭炮""过清明，去祭扫""过端午，赛龙舟""过中秋，吃月饼"等，这些祖祖辈辈传下来的习俗就是"传统习俗"，让这种启发式的教学可以用来引导学生思考，使学生积极参与学习，积极思考。经过仔细思考以及学习，他们能够了解和掌握课文中所包含的传统文化，构建高效的课堂学习环境，提高学生的文化素养。

五、引导学生阅读古诗文

小学义务教育中，按照语文课程的标准，要求学生要多阅读，有一定的课外阅读量，而阅读量的培养可以提升学生对于文言文字句的敏感性。语文教材内容的选择一般都经过了严格的筛选和仔细的审查。每一篇古文都有其独特的历史和传统文化背景，蕴含着丰富的文化知识。因此，教育学生学习中国传统文化有利于学生快速了解古文内容，掌握具体的知识。在语文教学课堂上，教师应充分引导学生阅读《三字经》《诗经》里面的简单古文，提升学生的文学修养。老师还可以让学生积极举手回答阅读古文后的感想以及思考，激发学生的兴趣，在文章中学习中华民族的一些传统美德，这对于学生的文化素养和文化认知能力有极大的促进作用。

古诗文是我国传统文化中浓墨重彩的一笔，古诗言简意赅，具有凝练和跳跃的特点，诗人常常可以用极为有限的诗句表达出意味深长的内容，具有意美、语美、音美以及形美等特点。教师可以在语文教学中重点加入古诗文的学习，让学生从简练的古诗语句中体会诗中的意境、画面和作者的思想感情，帮助他们增强文学素养，体会文学之美。一些较好理解且与小学生生活联系较为密切的古诗可以让学生进行背诵，从侧面也能提升他们的语感，有利于提高他们的写作能力。

例如，在学习《雪梅》这首诗时，教师可以先让学生集体朗诵几遍，鼓励学生自行理解诗中的意境，体会作者为什么会将梅花与雪来做比较，以及作者想通过雪与梅的争执告诉我们什么呢？朗诵完毕后，教师可以带领学生与自己一起走进诗人的世界，感受文字中的浪漫。这首诗的难点之一是首句中的“梅雪争春未肯降”，很多学生不理解“降”的意思，这里教师可以引导学生结合课下的注释来理解诗句，“降”是“复数”的意思，并利用多媒体工具向学生展示梅花在雪中绽放的图片，再结合诗句帮助学生理解梅花和雪都认为自己占尽了春色，因此不肯“降”是因为“争春”，作者这里是运用了拟人的修辞手法，赋予了梅花和雪人的特性，更加生动、传神地表现出梅花和雪的美。理解了最难的首句，这首诗的后续学习就会轻松很多，作者在首句引出梅与雪的争执，并在诗的最后两句中详细地阐述了梅和雪各自的长处，梅香而雪白，作者并没有单纯地称赞梅或雪的单一优点，而是对优缺点进行了综合分析，这种评价事物的方式十分中肯，可以帮助小学生理解人各有长短，应该在生活中发现他人的长处来取长补短。另外，教师也可尝试让学生自主分析古诗内涵，探寻诗人的精神品质，尊重学生的个人想法，让学生结合自己的人生阅历去解读古诗。在《雪梅》古诗教学中，教师则应该引导学生去分析雪梅所代表的意境与高尚品质，但是小学生因为人生阅历浅薄，很有可能无法理解雪梅所代表的高洁品质。对此，教师则应该尝试牵连现实生活，及时创设古诗鉴赏情境，展现古诗的创作背景，不断丰富学生的文化常识，以便切实引导学生进行古诗鉴赏，促使学生通过口头语言去表达、阐述个人感悟，以便逐步优化学生的古诗鉴赏能力。如此，则可进一步引导学生感受古诗作品的人文美，有利于切实优化学生的审美情趣，让学生真正实现有效成长。

六、优化授课方法，建立情境课堂

传统文化内涵十分丰富，而且有着多样的表现形式。教师只有通过合理授课内容的设计，才能更好地使传统文化在语文课堂中发挥出最大的教育意义。由于高年级小学生思辨能力较强，所以良好的学习环境可以帮助学生完成学习，并在探索中更深层次地对所学知识进行探究，以建立完整的知识结构框架。

例如，在进行《北京的春节》授课工作时，本节课需要学生在课文的阅读中，能够了解老北京过春节的风俗习惯，在老舍先生笔下风趣的文字描写中，感受传统年文化的趣味性。教师可以将事先准备好的视频播放给学生，内容是大年三十一家人其乐融融围在一起吃年夜饭的场景，建立教师带领学生一起过新年到课堂情境。引导学生通过思辨意识的调动，能够积极讨论自己家庭过春节的特色和有趣的故事。当学习热情被充分激发后，教师就可以为大家讲解中华民风民俗，让学生能够更加多样地了解我们的传统文化，并对比不同地区春节习惯的同时，对传统文化产生浓厚的探究兴趣。在十分活跃的课堂学习环境下，学生不仅可以和教师在其乐融融的氛围中一起感受老舍笔下北京春节的年味，也能在课文的认真阅读中，学会文章的写作顺序以及详略得当的描写方法，使教学活动在传统文化的助力下，既可以取得很好的教育效果，也在建立高效课堂的同时，达到丰富学生们文化知识储备的目的。

七、尊重学习规律，合理设计教学方案

高效课堂离不开合理的教学方案与完整的教学计划，使教育工作顺利进行的同时，更好地保证教学效果。为了使传统文化更好地融入语文课堂中，教师应从小学生学习规律入手，挖掘授课内容文化内涵的过程中，使设计的教学方案既充满趣味性，又能体现优秀文化精髓，同时还可发挥语文学科的教育意义。教师应注重教学内容与现实生活的紧密联系，帮助学生既增强学习热情，也能在对比古今文化差异的同时，学会用发展的眼光看待问题。

例如，在进行《学弈》的教学工作时，由于学生已经积累了一定的文言文知识，所以通过传统文化的引入，可以更好地帮助学生提升理解能力与学习能力。本节课需要教师带领学生通过对文言文课文的阅读，能够准确对内容进行翻译，并探究古代文化，同时养成专心致志、认真探索与勤奋好学的品质。针对小学生的认知规律，教师可以使用动画的形式将课文内容以有趣的形式进行表示，方便学生在快速掌握文言文含义的过程中，了解下围棋在古代备受文人推崇的原因。通过传统文化的加入，不仅使教学内容更加丰富，帮助学生开阔视野，同时也在一定程度上起到很好地丰富知识储备的意义。

八、开展课外阅读活动，推荐传统文化书籍

语文学科的趣味性与多样性，也在一定程度上更容易激起学生学好知识的自信心。由于小学生正处于思辨意识的活跃阶段，想要使传统文化更好地帮助学生提升学习热情，并主动对文化内涵进行探索，教师应通过课外阅读活动的开展，为其推荐与传统文化内容相关的课外书籍，帮助学生在阅读的过程中，既可以更好地感受优秀文化的丰富底蕴，也可以在开阔视野的同时，避免受教材知识局限性的影响，在应试教育环境的制约下束缚思维意识。

教师可以为学生推荐《瑰丽国宝》《古典文学大观》《古文观止》《蒲松龄》《中国名将》《上下五千年》等书籍，使学生可以在不同类型的书籍中，感受中华传统文化的丰厚底蕴。同时，老师需要每周抽出两节课的时间，鼓励学生可以在相互交流中，向大家分享自己的阅读感受，以及对传统文化丰富内容的理解。通过课外阅读活动的开展，可以使传统文化与语文课堂更加紧密地融合在一起，也给予学生更好地学习优秀文化知识的途径。在这种更有激励性的阅读活动中，能够逐渐增强学生的知识储备，并在提升文化自信心的过程中意识到传承文化的责任，帮助学生自觉规范行为意识，并在不断的学习中成为优秀文化的践行者，在高效语文课堂的助力下健康成长。

高质量语文课堂要想在教师的精心设置下顺利建立，不仅需要对课程资源内涵进行挖掘，也需要针对语文学科特点，通过传统文化助力，设计尊重学生学习规律、提高探究兴趣以及提升文化自信的授课方案，才能更好地凸显教育意义。教师应积极优化授课观点，根据不同授课内容，以多样形式开展教学工作，通过传统文化与课堂教学活动的高质量融合，为学生创建更富文化特色的课堂学习氛围，以更好地帮助其增强学习动力的同时，自觉成为传统文化的拥护者，创生高效语文课堂的新境界！

九、结合信息技术展示，增强传统文化认知

对于小学阶段的学生而言，由于自身生活经验的匮乏，在日常生活学习过程中难以获取到丰富的信息，其自身认知能力较弱，对于教师开展的知识教学，很难第一时间就全面掌握。为此，小学语文教师应当不断扩展自身教

学范围，强化学生的认知能力，利用信息技术手段向学生展示丰富的传统文化内容，以此扩展学生的学习视野，增强学生的认知能力，最终实现既定的教学目标。

在实际教学过程中，由于很多教师长期受应试教育思维的制约，导致语文课堂教学工作往往以生僻字词讲解等内容为主，对文章中的传统文化蕴含常常忽视，很难使学生对文本内容产生较为深刻的理解，限制了学生思维能力的发展，进而导致教学质量始终难以得到增强。为了更好地优化这一问题，强化课堂教学效率，语文教师应当及时转变自身教学思维，积极借助信息技术手段为学生扩展学习资源，可以结合教材内容为学生收集相关的影视资料、传说故事等内容，从而扩展学生的学习视野，这样不仅能够有效调动学生的学习热情，强化学生的注意力，同时更能在潜移默化间向学生渗透传统文化知识，强化学生对传统文化的理解和认识，体现了语文学科育人的价值，为学生接下来的语文学习奠定坚实基础。

十、开展经典文化诵读，强化学生实践能力

学生的实践能力是小学生学科综合素养能力的重要展现，小学语文教师为了能够更好地促进学生全面、快速发展，需要学生具备良好的知识实践能力，基于语文教学根本因素增强课堂教学实效性。

在具体实施过程中应积极为学生开展多样化的实践活动，比如传统经典文本朗读活动等，构建良好的自我展示平台，强化学生的学习自信，在学生了解传统文化内容的基础上，有效培养学生的核心素养能力。小学语文教师应当积极探索课堂教学改革策略，为学生营造良好的课堂学习氛围，借助传统文化内容为学生开展多元化的教学活动，将经典诵读作为语文课堂的常态化教学活动，使学生得以基于兴趣发展，更加深入地了解传统文化，并完成教师安排的诵读任务，最终提高学生的文本理解能力，强化学生的实践水平，构建高质量的语文学习环境。

十一、展现传统文化情感，激发学生情感共鸣

教师在开展语文教学活动的过程中，应当切实注重对学生情感因素的分

析，在切实保证学生课堂主体地位的基础上，逐渐引导学生自由表达自身学习情感，在课堂互动交流的过程中，逐渐增强教学效率。一些教师在组织学生开展古诗文学习的过程中，往往会忽视良好意境的构建，忽视抽象化知识内容的具象化转变，同时更不能将单一的文字表达生动地展现给学生。小学生在开展古诗词文本翻译，以及传统文化蕴涵分析及鉴赏的过程中，需要学生具备良好的理性思维，而教师这种固化的教学方式很难使学生感知文章作者的思想情感，更难以探查文本中更为深层的价值含义，从而组织学生语文学科素养能力的提升。教师应当引用生动化、开放化的讨论形式构建课堂环境，丰富学生的学习情感，为学生树立正确的思想价值观念，强化学生的爱国意识、激发学生的情感共鸣。

中国传统文化有着源远流长、博大精深的特点，有着建筑、文学、绘画等多种艺术表现形式，很多文化内容以文字的形式在小学语文课本上都有所提及，这些内容是学习传统文化的重要来源，是小学生接触学习传统文化的重要教科书。小学语文老师要深刻认识到小学语文课堂对于弘扬传统文化的重要意义，要深入挖掘课本中的传统文化知识，把文化知识具体地展现出来，让同学们学得透彻、了解得全面，通过老师的介绍能够详细、深刻地领会传统文化的博大精深，领会传统文化的精神内核，并且有效地把这些内核转化为实际，在实践中脚踏实地地践行着传统文化的理念。老师可以在语文课堂中，把课本中体现的传统文化的知识在课堂教学中专门作为一个知识点进行讲授，把传统文化的有关资源详细地介绍给同学。小学语文中很多古诗词的课文都体现了丰富的传统文化知识，老师不应忽略，要加强教学的重视程度。

比如，在《夸父逐日》这一课的教学中，老师首先可以向同学们介绍神话这一传统文学体裁，神话是我们文学天地中灿烂夺目的瑰宝，之前也学过《女娲造人》的故事，神话是一种想象，这种想象体现了远古时代人们那种强烈的探索精神。老师要让同学们重点体会古代劳动人民探索、征服大自然的愿望和意志，这是中华传统文化中的精神理想，要通过这种教育培养学生的探索精神和创新能力。还有《詹天佑》这篇课文，老师要通过介绍詹天佑修建京张铁路过程中克服重重困难的过程来让同学们感受杰出的爱国工程师詹天佑的事迹、严谨的科学态度、坚忍不拔的毅力和崇高的爱国主义精神。这种爱国主义精神是中华民族精神的有机内核，也是传统文化的组成部分，对于学生精神信仰的培养有着重要的影响意义，让大家有着正确的价值判断、热爱自己的祖国。

传统文化是我国古人几千年来的文化、智慧结晶，是先辈们留下的最宝贵的精神与寄托，作为华夏儿女有责任也有义务去守护与传承这些传统文化。在信息技术不断发展的当今社会，越来越多的外来文化在逐渐地渗入，此时小学语文教师有义务在教学中融入中国传统文化，这需要小学语文教师深入了解学生的思想和心理，并对自己的课堂做出相应的调整，逐渐发现学生对传统文化的认知，对传统知识进行必要的传递与解释，从而更好地将我国传统文化与课堂相结合，与学生共同努力创建美好未来。当然，传承我国传统文化需要遵循科学原则，教师也应该始终展现出为中华文明感到自豪、骄傲的文化形象，身体力行地去感染学生、启发学生，以便让学生逐步实现健康成长，切实优化学生的文化意识，使其树立坚定的文化信念，促使学生自觉承担起复兴中华民族的伟大责任。

第八章 8

小学语文教学中传统文化渗透路径

小学语文作为小学阶段最为重要的学科之一，对小学生日后的学习生涯起着至关重要的作用。不仅如此，汉语作为我们的母语，对于塑造一个人的性格方面也有着很大的作用，所以小学语文在小学生个人的成长过程中的作用也毋庸置疑。而诗词作为我国传统文化的瑰宝，在小学语文的教学过程中占据着很大一部分的内容，因此需要通过各种路径在小学语文教学中渗透传统文化。

第一节　小学语文教学中领略传统文化之美

传统文化具有很强的美感，在小学语文教学中，领略传统文化之美是必要的，也是让学生对传统文化感兴趣的方法路径之一。

一、诵读之美

在小学语文诗词教学过程中，教师都会对所选的古诗词进行诵读，这几乎是每一个老师都会采用的步骤。虽然这个步骤在很多人看来稀松平常，但是如果小学语文教师能够用心地将这个步骤准备好，那么学生可以在这个过程中感受到不一样的语文，能够将他们的身心全部投入教师所带他们进入的意境中去。

众所周知，中华传统古诗词都讲究押韵，在遣词造句上也很讲究，所以小学语文教学中学到的古诗词都朗朗上口，教师带着学生们读起来的时候自然会产生一种流畅的感觉。这只是诵读带来的语文的表面之美。其实朗读这些古诗词背后还有着更深层次的美。就拿我们小时候都学过的《悯农》来举例，“锄禾日当午，汗滴禾下土”这两句可谓家喻户晓。在小学语文课堂上，如果老师只是让学生自己根据字面意思来理解，学生很容易就掌握它的意思了，但是对于其背后所要表达的那种情感理解得并不深刻。所以这种时候就需要老师带领学生有感情地诵读这两句诗，在炎热的午后，辛勤劳作的农民们在炎炎烈日下耕作，身上的汗水一滴一滴地落在土地上，在这样的描写下，能够将粮食来之不易的感觉深入每一个懵懂的孩子的内心。所以说通过这样的诵读的方式，能让孩子们在有感情地朗读过程中，加深对诗词的理解，更深刻地感受到语文的美感。

二、情景之美

传统古诗词大体可分为两类，一类写景，一类写情。对于描写景色的古诗词，小学语文教师可以注重去发掘作者想要描绘的那种情景，并在教学中着力去将这种情景展现给学生。让学生在看到这类的古诗词时，脑海中就能浮现出作者所描绘的那种情景。当学生将自己代入进去之后，也能更加深刻地去理解作者当时的心情以及想要表达的情感，学生们对语文的美的理解也会进一步加深。

例如，在小学课文中学到的杨万里的《小池》一诗中写道："小荷才露尖尖角，早有蜻蜓立上头。"这两句就很好地描绘了一幅池塘美景。教师在对这首诗进行教学时，可以为学生们勾勒出这样的一幅图画：在炎热的夏天，天上烈阳高照，地上有着一汪清泉，树荫倒映在池塘中，泉眼咕噜噜冒着水，池塘中的荷叶才刚刚冒出一点点，但是几只调皮的蜻蜓已经落在上面了。当学生们在脑海中都想象出这样一幅图景时，仿佛自己就身临其境，倚靠在一旁，悠闲地看着蜻蜓在荷叶与水面上来回穿梭。所以，小学语文教师通过对情景的刻画，能够帮助小学生们将自己代入作者在诗中所描绘的场景中去，这样他们以后在遇到类似的场景时，也能更好地回忆起所学到的诗词，这对他们以后的人生和学习都有着很大的帮助。这就是通过情景刻画的方式来展现语文的美感。

三、情感之美

传统古诗词中，有相当一部分都寄托了作者各种各样的情感。在学习这类古诗词时，如果能够准确把握作者在字里行间想要表达的情感，那么对于学生们深刻地理解古诗词有着非常显著的作用。这就要求小学语文教师在教学活动中，要注重分析诗词内所蕴含的情感，引导学生去发掘这种情感，让他们不仅仅了解诗词的字面意思，更要让他们懂得作者想要表达的感情，以此来实现升华，让古诗词达到真正的教育目的。

郑燮在《竹石》一诗中写到竹子深深扎根于岩石之中，不论外界的环境多么地恶劣，无论是风吹雨打还是烈日暴晒，都十分地坚挺。作者所描写的竹子，我们在读这首古诗时可以第一时间体会到对竹子的赞颂之情。但是从更深层次来看，其实这其中还蕴含着作者的其他情感。那就是作者的一种积极乐观，无所谓困难重重，慷慨潇洒的心态。这份情感如果小学语文教师不加以发掘并引导学生去发现，小学生们靠自己是很难把握到的。其实总览古诗词可以发现，很多作者都是在某种情感的支配下临时起意，挥洒墨笔，写成千古佳作，流传后世。所以注重去发掘古诗词中所蕴含的情感之美对于学生理解语文的美有着非常重要的作用。小学语文教师在古诗词教学过程中，一定要注意对情感的把控，要通过对情感之美的揭示，去展示语文之美。

四、人生之美

一叶障目的道理相信大家都懂，在小学语文学习古诗词的过程中，最怕的就是纠结于诗词中的某句话或某个词，进而将自己的目光局限在一隅，这样不仅不会将作者隐藏的情感找出来，甚至可能对诗词的理解都出现偏差。因此，要想让语文的美被大家发现，让古诗词的美被大家认可，小学语文教师在进行诗词教学的过程中，要注意教导学生从整体上对诗词进行理解，要站得高，这样才能将诗词的全意掌握，才能对作者想要表达的情感了然于胸。

就拿诗仙李白的《早发白帝城》来看，单看前两句，似乎只是单纯地记录诗人的行程，字里行间衬托出了白帝城的高大。但是将整诗结合在一起看，就能轻易地看出作者欢快的心情，再结合时代背景来看，就能准确把握作者由被流放到忽然得赦，再到得以归家的喜悦心情。可以看出，对作者这种情感的准确把握，需要在一定高度上统揽全诗来得出，而这其中蕴含的人生大起大落的道理，在人生起落之间的喜悦，都隐藏在了作者的诗句之中。所以小学语文教师在诗词教学过程中也要十分注意对这一点的把控。

语文是我们每个人学习过程中都要接触到的学科，通过运用小学语文诗词教学方法，从多个角度揭示了语文之美，也展现了我国传统诗词的魅力。因此，在新的时代背景下，要加强对小学语文教育的重视程度，加大对传统诗词文化的弘扬力度，并将这二者巧妙地结合在一起，让更多的人感受到传统文化的力量，感受到学习语文的乐趣。

第二节　古诗词教学中领略传统文化精髓

作为中华民族传统文化的宝贵资源，古诗词中人文精神蕴涵意义深远。在小学语文教学中，古诗词的学习是非常重要的。小学语文教师在对学生进行古诗词鉴赏教学时，需要重视古诗词中对学生思想品德修养和对文学的审美情趣有帮助的内容，引导学生真正地了解和掌握古诗词中的内涵，进而提升学生的语文素养，树立起正确的人生价值观念。

一、使用分组教学，培养自主能力

小学生在学习古诗词的过程中培养自主能力，有助于发展学生思维，提升学习动力，解决学习中的难点，提升学习的自信心，为后续的学习与发展奠定良好的基础。教师在教学中教学方式过于单一，导致课堂氛围逐渐枯燥，不仅降低了学生学习能力的发展，也限制了学生自主能力的培养。为此，教师在古诗词的教学中可以使用分组教学的方式教导学生，以帮助学生更为高效地培养自主能力。

例如：教师在教学《村居》的过程中，可以将学生分成不同的学习小组，让学习小组自主进行学习与探究，以此让学习小组理解诗词知识，提升学习小组学习效率。如，学习小组根据教材知识查阅相关的历史典籍，能够认知到“《村居》是清代诗人高鼎晚年归隐于上饶地区、闲居农村时创作的一首七言绝句”等诗词知识，以此有助于增强学习的专注力，发展学生的思维，增强学习的动力，推动学习的进程。教师在诗词教学中运用小组教学的方式教导学生，有助于提升教学的能力，增强教学的意识，让学习小组更为高效地学习与发展，提升学生自主学习的能力。

二、拓展阅读教学，丰富诗词文化

阅读教学是根据教材中的知识，让学生阅读不同书籍的教学方式，能够在增强学生对教材知识的理解上，丰富学生的诗词文化，提升学生学习的意识。教师在古诗词的教学中过于重视教材知识的教学，导致学生诗词文化得不到有效的发展。为此，教师在语文诗词教学中可以拓展阅读教学的方式，丰富学生的诗词文化。

例如：教师在诗词课程中可以设置阅读课程，让学生在阅读课程中阅读不同的诗词书籍，使学生在诗词书籍中丰富诗词的文化。如在教师的引导下，小学生阅读《诗词格律》，有助于认知到诗词的创作格式与韵律，以此能够增强对教材知识的记忆与理解，发展自身的学习思维，完善学习的体系。小学生阅读《诗经》，有助于认知到诗词发展的源头，增强对诗词学习的专注度，提升对诗词学习的兴趣，以此增强学习的效率。小学生在阅读书籍后，还可以与其他学生进行交流，以此增强对诗词内容的理解，发展诗词学习的意识。教师在诗词教学中拓展课外教学的方式，能够丰富教学的内容，为学生营造安逸的学习环境，培养学生良好的学习习惯。

三、组织学生情境朗诵

古诗词作为中国传统文化的瑰宝，在我国核心素养教育高速发展的背景下，其对于文化教育重要性也不断地在提升。但是，由于经过了文化和经济不断地发展，如今的学生已经很难去理解诗词中的具体意思。所以，要想帮助学生更加顺利地理解经典诗词所表达的意思，教师就必须创新创造更多符合现代学生特点的教学形式，来引导学生从如今的生活和社会经验中逐渐地理解经典诗词中的文化。而诗词情境朗诵的方式就能很好地帮助学生在相关诗词的模拟情境中身临其境地体会作者心中所感，从而更好地去理解诗词情感，掌握相关的知识点提高语文的学习成绩。

例如，教师在对于课本中《送元二使安西》这首诗的教学中，就可以通过组织学生以情境诗词朗诵的方式来进行教学，首先借助多媒体设备让学生观看本课相关的视频资料。来了解诗词的时代背景，其次在组织安排学生进行故事发生情境的演绎，并让学生在表演的过程中认真吟唱出诗词："劝君更尽一杯酒，西出阳关无故人。"通过这样的方式来帮助学生在情境中对作者当时与友人离别时有一个更加深刻的感受，从而加深学生的课堂学习记忆，提高诗词素养。

四、开展情感吟诵

在语文诗词课堂的教学中，教师往往会在开课之前组织学生对课文进行全文朗诵，本意是为了帮助学生理解文章主题，但是这样一味机械式地朗诵、没有投入感情地朗诵，并不能帮助学生对诗词内容的理解有什么实质性的作用。相反，感情的投入能够更加有效地促进学生深刻地感受文章的真正内涵。因此，为了能够使学生对课文理解更加顺利，教师可以组织学生进行经典诗词的情感朗诵，让学生在深情的诗词朗诵中学习和探索诗词中更加深刻的含义，体会诗词中体现的文学价值和人生哲理，进而推动学生个人的语文学科素养得到切实的提升。

例如，教师在对于《静夜思》这一课的教学中，就可以通过在课前安排学生进行诗词的情感朗诵活动，并在朗诵结束之后组织学生谈谈自身对于作者在诗词中所表达意思的自我见解，再进行诗词内容的正式讲解，通过这样的方式来帮助学生更好地理解作者李白在当时的所思所想，体会其中的意境，感受其中的情感，从而推动学生更好地掌握本课的相关内容，提高语文的课堂学习效率。

五、运用多媒体教学，理解诗词内涵

多媒体教学是运用信息技术教导学生的方式，其能够将教材中的知识转化为教学视频，让学生在视频中进行学习，以此发展学生的理解能力，增强学生学习的能力，让学生更为直观地理解诗词内涵。教师在古诗词教学中教学的方式过于传统，难以满足学生学习的需求，影响了学生对古诗词内涵的理解，限制了学生学习的进程。因此，教师在古诗词的教学中可以运用多媒体教导学生，以帮助学生理解诗词的内涵。随着时代和社会高速的发展，传统的教育教学模式已不能满足学生日益增长的教学需求，因此，更多的先进技术融入了当代的课堂教育。多媒体技术设备的教育形式也是最为普遍的，在具体的教学中，教师可以借助多媒体的教学设备向学生展示并利用课堂教学的教学资料，帮助学生更好地明确教学目标、理解教学内容、提高学习效率，保证课堂的学习成绩，在语文经典诗词的教学中也是如此。

例如，教师在教学《晓出净慈寺送林子方》的过程中，可以运用信息技术为学生制作“西湖六月的风光与其他的季节大不相同，密密层层的荷叶铺展开，像与天相接”的多媒体视频，以此有助于学生认知到“毕竟西湖六月中，风光不与四时同”等诗词的内涵，提升学生的理解能力。小学生在学习语文古诗词的过程中观看教师制作的多媒体课件，还能够将其中的内容与诗词的内容相互印证，以此认知诗词的知识，增强学习的意识，发展学习的动力，提升学习的活力。教师在诗词的教学中运用多媒体教导学生，既能够改变传统的教学方式，提升教学的质量，也能够增强学生学习的活力，让学生更为科学地进行学习与发展，提升学习的逻辑思维，提高学生学习的成绩。

例如，教师在对于《赠汪伦》这一首诗词的教学中，就可以通过利用多媒体的教学设备，组织学生进行相关时代背景的教学影像资料收集，让学生对诗词背景有一个相关的了解，再借助PPT辅助讲解的方式，来帮助学生更加容易地体会诗词情感，理解文章主题。

从小学语文文言文课堂出发，对于小学阶段的文言文教学进行了较为浅显的探讨，对于文言文的教学内容、教学策略提出了浅薄的看法，望通过不断的探索与努力，可以引导学生们找到文言文这把美丽的钥匙，开启中华上下五千年的华丽篇章，带领孩子们从文学、传统、礼仪、传承等方面了解中华民族悠久且辉煌的传统文化。

第三节　文言文教学中感悟传统文化精华

文言文是中国古文的精华，小学语文教师应引导学生们找到文言文这把美丽的钥匙，开启中华上下五千年的华丽篇章，带领孩子们从文学、传统、礼仪、传承等方面来了解中华民族悠久且辉煌的传统文化。

一、小学语文文言文阅读教学的重要性

（一）为日后学习打下基础

文言文在语文科目中占据着重要地位，其在小学阶段的重要性尚不明显，但到了初中、高中阶段，教材中的文言文篇幅就会有所增加，而且难度较高。文言文的学习需要一个长久的积累过程，如果在小学阶段，学生就能在课堂中适当接触文言文，那么对以后的学习无疑是有极大帮助的。同时，小学生虽然年龄小，但有着较强的接受能力和学习能力，教师有意识地引导他们接触和学习文言文，有利于为学生奠定良好的文言文学习基础。反之，如果在小学阶段不重视文言文阅读教学，学生的基础不牢固，未来学习就会存在更多的困难。所以说，在小学阶段就需重视文言文阅读教学，这直接关系到学生未来的文言文学习效率。

（二）积累知识，提升文化素养

文言文与白话文不同，更贴合古人的说话习惯，既简洁又不失美感，其中还蕴含着丰富的传统文化内容。如《杨氏之子》这篇文言文中，有一句“为设果，果有杨梅”，前后有两个“果”字，但二者的含义却截然不同，联系上下文，学生可以认识到第一个“果”是水果的意思，第二个“果”则是“水果中”的意思，一个简单的汉字却有着多种解释，可谓魅力无穷。教

师选择恰当的方法为学生讲解，能够有效激发他们的学习兴趣，并使其体会到学习文言文的乐趣。另外，文言文中除了一词多义外，还存在通假字、古今异义字等，学生在课堂中多多积累，对提高自身的文化修养有着重要的帮助，还能够为未来更深层次的学习奠定良好的基础。

二、统编教材下小学文言文阅读教学的具体策略

（一）以读为主，感受韵律之美

文言文与白话文有着本质上的区别，属于完全不同的两种话语体系，在教学中教师要重视引导学生感悟音韵之美。而诵读是培养语感、感悟文言文节奏和韵律的重要方式，课程标准中也明确提出了各学段要重视朗读教学的要求。对此，教师在教学中要带领学生多读，只有这样才能锻炼他们的语感，使其正确掌握文言文的节奏和停顿，进而加深对文言文的理解。

文言文实际上有一定的节奏感，这是古代文人创作时追求的一种审美，因此在文言文阅读中应注重节奏感，感受韵律之美。

（二）以趣为引，深化知识理解

小学生的文学素养有待提升，在学习文言文时难免会遇到很多困难，教师也应理解文言文是学生学习的重难点。为了防止学生在遇到挫折后丧失兴趣，教师应重视趣味引导，开展多元化的教学活动。教师可以从学生的兴趣点出发，引入故事、生动的插图或是情景剧表演等，而在分析文章大意时，教师应引导学生借助注释阅读。久而久之，学生对文言文的陌生感会减少，消除畏难情绪，从而深化对文言文知识的理解。

例如，在学习《精卫填海》这篇文言文时，为了调动学生的学习兴趣，深入理解文章中蕴含的道理，教师应设计丰富的教学活动。在新课导入环节，教师应利用多媒体展示动画片《精卫填海》中的片段，为学生带来视觉和听觉上的冲击，更好地激发学生的学习积极性。之后，教师引出本课的学习主题："同学们，动画片是不是很精彩呢？今天我们就来学习这个故事。"借助动态视频勾起学生的兴趣，为下面的教学做准备。在阅读文言文环节，教师要先为学生示范朗读，扫清文中的字词障碍，然后鼓励学生自由阅读课文，能够读准字音、读通句子后，再开展指名读、师生配合读、全班

配乐齐读等朗读活动。由此，多种形式的朗读能够激发学生的兴趣，还能够使其在积累、感悟和运用中提高审美能力。在鉴赏文言文的环节，为了帮助学生进一步了解精卫的形象，教师还可以开展小组合作学习，学生先结合注释用自己的话说一说精卫填海的故事，其他成员可以帮忙补充遗漏之处。接着，教师引导学生在组内探究故事的起因、经过和结果，说一说精卫给人留下了什么样的印象。这样一来，学生就可以在理解课文大意的基础上，层层递进，深入了解精卫的形象。基于此，学生在多样化的教学活动中，能够更快地进入文言文故事中，并在鉴赏和小组讨论中深化对文言文主旨和人物形象的了解，使学生的课堂学习兴趣和专注力都能够得到大幅提升。

（三）以人为本，落实因材施教

因材施教这一观点符合当下的教育形势，尤其是在文言文阅读教学中，教师要充分落实这一主张。在开展教学活动前，教师要先了解学生的整体学习情况，了解文言文大意很简单，但鉴赏文言文则很难，教师可以参考学生的诗歌鉴赏情况来推测学生的文言文基础。在鉴赏文言文时，要重视激发学生的兴趣，引导学生从多个角度品味字词，不要用所谓的“标准答案”来限制学生思维的发展。

例如，在学习《铁杵成针》这篇文言文时，教师要遵循因材施教的原则。首先，在课堂一开始教师要通过谈话导入主题：“之前，我们学习了《囊萤夜读》这篇文言文，了解了热爱读书的一段佳话，这节课我们来学习《铁杵成针》，同学们，看到标题后，大家有什么想法？”根据教师的问题，学生积极发言：“是谁将铁杵磨成针的？”“为什么要将铁杵磨成针？”教师引导学生就课题展开质疑并及时归纳，能够让他们对后续学习保持较高的兴趣。接着，教师鼓励学生对照注释，尝试弄清楚每句话的意思，如“太白感其意”一句中的“其”指的是谁，教师要及时讲解文章中的重难点，深化学生对知识点的理解。其次，当学生掌握文章大意并了解主旨内容后，教师可以联系生活提出问题，深化学生的认识。如李白年幼时是一个怎样的人？文章中讲了一种什么品质？能否联系实际说一说？基于此，学生也可以联系自身的情况进行反思，从而在以后的学习中不断积累文言文的学习方法。

小学语文教师要提高对文言文阅读教学的重视程度，实际教学中要以读为主，着重关注文言文的节奏和韵律，以此来调动学生朗读文言文的兴趣。同时，教师还要指导学生掌握注释的正确运用方法，在文言文学习中更好地理解重点字词，掌握文章大意和主旨。此外，在文言文阅读学习中，教师还要精心设计教学活动，使学生通过知识迁移实现情感的升华。

三、小学语文文言文教学技巧

（一）培养学生理解文言字词的兴趣

在文言文学习的过程中，教师首先需要让学生对其中的一些字词进行充分的理解，但是可以发现，因为文言文的字词和如今的白话文有着比较大的差别，所以很多学生在理解字词方面出现一定的困难，觉得文言字词的理解比较枯燥乏味，所以他们不愿意理解字词，在理解字词的过程中也很容易陷入死记硬背的弊端中，这对于学生的发展来说是非常不利的。所以，小学语文教师在文言文教学过程中，首先需要利用多样化的方式来培养学生理解文言字词的兴趣，让学生能够在兴趣的支持下去掌握文言字词，这样让学生能够进一步掌握文言文的大意，从而促使学生在文言文学习方面获得良好的效果。

例如，在教学《王戎不取道旁李》这节课的时候，在教学的过程中，教师需要让学生对其中的字词进行充分的理解。但是为了让学生能够提升起兴趣，教师就可以开展一定的比赛活动。比如，在让学生理解了其中的一些字词之后，教师可以组织学生开展一定的知识竞答游戏。教师先利用多媒体来为学生呈现其中的一些字词，然后让学生举手进行抢答，看看哪个学生能够最先回答出相关的字词含义。之后，教师可以为学生提供一定的奖励。如果哪个学生回答得最多的话，教师还可以为他们提供一些物质方面的奖励。这样促使小学生在文言文学习的过程中更加地积极，这也有利于课堂氛围的调动，让文言文课堂变得更加的灵活，充满趣味，这样可以降低学生对于文言文字词理解的抵触心理。

（二）自主分析文言文的大意

在小学阶段的文言文教学过程中，教师还需要注意的一点就是，不能总是在课堂上为学生进行单一的讲解。教师讲学生听这一方式早已不符合当前的教学需求。在新课程标准的要求下，教师更应该突出学生在文言文学习中的主体地位，让小学生能够去主动探究文言文，这样才能实现授之以鱼不如授之以渔的目标。教师为学生讲解再多的文言文字词，都不如让学生去自主地探究并掌握探究文言文字词的方法效果来得更好。所以在文言文的理解过程中，教师还应该给予学生充分的探究空间与时间，让学生能够自主去分析文言文的大意，这样才能够帮助学生取得良好的发展效果。

比如，在教学《伯牙鼓琴》这节课的时候，教师就可以在实现课堂导入之后，引导学生开展自主探究。教师可以为学生提供一些相关的材料，比如关于《伯牙鼓琴》中人物的一些资料，还可以为学生提供一些工具书，让学生结合课下的注释去尝试着分析其中自己不懂的字词，然后再尝试从整体上去总结这篇文言文的大意。同时结合教师给出的一些背景资料，去分析这篇文章蕴含了什么样的情感。这样促使学生能够在文言文的学习过程中发挥自己的潜能。这样一来，学生也能够体会到自己解决问题的快乐，也乐于去解决文言文理解过程中的一些问题，有利于学生在文言文学习过程中实现长远的发展。

（三）开展朗读比赛活动

在文言文教学过程中，教师还可以组织学生开展一定的朗读比赛活动。朗读在文言文教学过程中是非常重要的一个方面，很多文言文读起来是朗朗上口的。在学生理解了字词之后，教师需要组织学生开展一定的朗读活动，帮助学生体会到文言文的语言美。同时，朗读活动的开展也有利于培养学生的文言文语感，让学生能够内化其中的一些字词。这对学生的发展来说也是非常有利的。在开展文言文朗读活动的时候，教师可以组织学生之间开展比赛活动，比赛的形式更有利于促使学生参与到活动过程中去，激发学生的热情。

例如，不管是在教学《王戎不取道旁李》，还是在教学《伯牙鼓琴》的时候，教师都可以先组织学生在小组中进行一定的朗读，小组学生之间可以互相纠正自己在朗读过程中所出现的一些问题，实现取长补短。而教师则可以为学生提供一些朗读音频，让学生能够结合朗读音频去学习朗读的方法，了解到停顿、重音应该怎样处理。在此基础上，教师还可以先组织小组间的学生开展一定的比赛活动。小组学生可以选出本组内读得最好的一位学生，进而选出全班“朗读之星”。

第四节　古代文学教学中参悟传统文化精粹

语文作为一项基础性课程，在小学教学中，不仅仅是传递基础知识，还要加强对学生核心素养的培养。在新课标教学改革的环境下，为了满足新课标教学要求，需要充分展现语文的教学价值，在实际教学中，把古典文学融入其中，让学生在掌握基础知识的同时，也能对古典文学有充分的了解，从而丰富学生的知识结构，弘扬传统文化，提高学生语文素养。

一、加强小学语文古典文学教学的意义

在小学阶段语文教学中，老师应该充分认识到我国古典文学在教学中的重要性和价值。古典文学经典作品承载了我国悠久流长的中国五千年历史与文化，构成了历史发展的一种文学载体与专业的写作手法。古典文学在经历唐、宋、元、明、清等朝代的发展之后，古典文学博采众长、取长补短，将众多朝代的文学元素共同融合，最终形成了一种新的文学形式，明末清初时彰显出了其文学价值，并引领其走向巅峰。古典文学中蕴含着大量的诗歌、诗文和丰富的人文思想，内容丰富，特色鲜明。在教学中，运用古典经典可以提高小学生的文化认识，丰富其文化知识，这对学生的全面发展非常有益。

二、小学语文古典文学教学存在的问题

我国古典文学是中国文学家的经验和智慧的结晶，是艺术和情感的升华，也是弘扬传统文化的重要途径之一，应该成为小学语文教育的重要组成部分。但在实际的小学语文古典文学的教学中，部分语文教师存在一些教学

问题，其主要问题是缺乏系统性、针对性和教学创新。同时，没有将阅读与文化传承、教育紧密结合。教师缺乏古典文学的教育方法，特别是对学生如何阅读和学习古典文学的指导，传统单一的灌输式教学导致学生们对古典文学的学习不感兴趣，成为限制小学阶段古典文学教学深入发展的一个重要因素。

三、小学语文古典文学教学的策略

（一）转变传统教学理念，注重人文教学

受当下教学理念影响，传统小学语文教学中，主要采用的填鸭式教学方法，对文章作者生活背景、创作环境、写作手法等内容机械化灌输，在这种教学理念下，无法满足人文教学发展要求，展现出较强的功利性特点。为了改善这种状况，在古典文学教学过程中，需要从文章内容角度入手，结合文章中的语言特点和表现手法等，深入探讨人文内容，突出语文教学的人文化特点。

例如，在学习关于《草船借箭》相关文章时，老师可以根据教学内容，提前设计好教学模板，引导学生根据对话分析当时“周瑜”和“诸葛亮”的心理状态。对于“周瑜对诸葛亮心怀妒忌”这句话，安排学生对“周瑜很高兴，叫诸葛亮当面立下军令状”这一细节揣摩人物性格。从“诸葛亮笑着说：‘雾这么大，曹操一定不敢派兵出来’”等段落内容进行分析，根据人物的神态和语言，可以发现周瑜嫉妒的心理，同时也能从侧面展现出诸葛亮足智多谋。通过对文章内容的赏析，让学生对整个事件的发展经过充分了解，帮助学生树立良好的思想态度，克服妒忌心理。

（二）提前了解文学历史，激发学习兴趣

在古典文学中，描述事件要充分展现出历史特点，经典小说的作者在设计故事中的人物时，难免会受到当时社会发展背景的影响。在阅读和学习古典文学过程中，应该根据故事所处的历史环境和特点，让学生对故事内容有充分的了解，对古典文学内容进行深入解读。如果学生在学习古典文学之前，缺少对古典文学历史背景的了解，直接阅读，学习难度比较大，对文章中描述的基本礼仪和风俗习惯了解不全面，在学习上往往会出现摸不着头脑

的状况。在安排学生学习古典文学前，教师需要让学生利用课余时间查询相关资料了解故事发展背景，或者向学生讲述当时社会背景和文化特点，让学生在阅读之前有一定的认识，在某种程度上可以激发学生的阅读兴趣与欲望，并想要了解历史背景下发生的故事，由此可以调动学生阅读古典文学的兴趣，便于古典文学教学活动顺利进行。

例如，在学习关于《景阳冈》时，安排学生阅读课文是《水浒传》的原文选段，我们老师可以根据内容提前向学生讲述故事发展背景，让学生对故事中的人物、性格、特点等有一定的认识。对于《水浒传》来说，主要讲述了发生在宋朝时期108条好汉齐聚梁山的故事，由于当时皇帝昏庸，无暇顾及政务，百姓民不聊生，生活在水深火热的环境中，使得一些纯真善良的人们被逼无奈，选择奋起反抗，一起抵抗官僚。通过老师的讲解或查阅资料，学生对故事的情节和发展背景有一定的认识，小学语文教师可以根据学生实际情况，引导学生简要分析当时人们的心理状态和经历的事情，从而调动学生学习兴趣，实现对学生思维能力的培养，从而弘扬传统文化中蕴含的美好品格。

（三）创新教学方式，丰富教学内容

在社会经济快速发展及科技水平不断提高的环境下，现代化教学方式的应用，给学生创建了灵活、多样的教学环境，让小学语文教学模式发生了巨大变化，能有效提高教学水平，保证教学目标顺利完成。在实际教学中，教师应结合当下时代发展的特点，积极引进现代化教学方法，并将其运用在古典文学教学中。在现代化教学方式的作用下，学生在学习古典文学过程中，不会受到书面文字的影响，教师可以根据教学内容和要求，给学生提前准备好相关的视频或者图片，给学生营造一种全新的教学体验，吸引学生主动参与其中，调动学生学习兴趣，帮助学生从中掌握更多的知识，获取理想的学习效果。从目前情况来说，在网络中含有丰富的教学资源，教师可以根据教学内容，提前在网上收集一些和教学相关的古典文学知识，并在课堂上向学生介绍，让学生对古典文学有充分的了解。

例如，在讲授《猴王出世》相关知识时，老师可以提前给学生收集一些和《西游记》相关的视频，以一种轻松灵活的方式吸引学生的注意。在网络中，《西游记》视频有动画版和电视剧版，教师可以根据学生兴趣爱好，选择适宜的视频版本，最大限度地调动学生学习兴趣，让学生主动参与到教学活动中，保证教学工作有序进行，获取理想的教学效果，提高小学语文教学水平，弘扬传统文化。

（四）体会古典文学的语言魅力

语言描写是文学作品的灵魂，而古典文学是我国语言文字的精髓所在，每一部文学作品的流传，其优美简洁的语言是最重要的原因之一。例如，在讲授《红楼春趣》时，老师可以借助《红楼梦》品读其诗词歌赋，其中包含有《好了歌》《咏黛玉》《咏菊诗》等一些为人所熟知，朗朗上口的诗词，其中所运用的语言精练、生动，有鲜明的魅力。在古典文学的日常教学中，小学语文教师应准确捕捉文学中的不同语言所表达的表现方式，引导学生积极学习语言表达方法和技巧，使学生感受到古典文学生动的语言描写，体验古典文学的语言魅力，从而弘扬传统文化。

在小学语文教学中，古典文学作为重要内容之一，通过对小学生进行古典文学教育，不但可以提高学生文化素养，也能给学生今后学习和发展提供帮助。在实际教学中，小学语文教师应结合实际情况，从学生角度入手，灵活使用古典文学教学方法，充分利用教材资源创新教学模式，通对古典文学内容深入解读，引导学生进入古典文学设计的情境中，让学生感受故事中的人物和特点，帮助学生感受人物的情感内涵，提高学生文化素养，通过多形式、多策略的教学手段，吸引学生的阅读兴趣，使其全面感受古典文学的魅力，弘扬古典文学传统文化。

第五节 “双减”政策下传统文化融入小学语文教学

语文是小学教育中的重要组成部分，同时也是提升学生语言运用能力、理解能力、探究能力的主要途径，因而在“双减”政策要求下，教师不仅要注重学生的基础能力培养，还要重视传统文化在小学语文教学中的有效渗透，从而在提升学生的文化修养的同时，弘扬我国的传统文化，促进我国小学语文教学与传统文化的有效融合。

一、“双减”政策下小学语文融合传统文化的策略

“双减”政策旨在进一步减轻义务教育阶段学生的作业负担和校外培训负担，增加了学生的实践性学习内容，开设了相关的课后服务等。教师不仅要致力于课堂教学的提质增效，更要有策略地对语文课堂进行延展，重视对学生语文素养的培育，并重新审视教育方式。中华优秀传统文化主要是指中华文明演化而汇集成的反映民族风貌、民族特质的一种文化。因不同民族在发展过程中的经历各不相同，各个民族造就出的文化具有一定的差异性，中华优秀传统文化包含了精神的、物质的文化实体及文化意识。代代相传、民族特色、博大精深均是中华优秀传统文化的特点。在时代变革的引领下，中华优秀传统文化的主要思想也发生了变化并延续至今。作为中华儿女，传承和弘扬中华优秀传统文化是我们的责任和义务。

（一）结合情境教学，营造氛围

传统文化具有深厚的底蕴，小学生在进行理解的时候难免会觉得有些

困难，教师可以采取情境教学的方式，营造合适的课堂氛围，达到更好的教学效果。结合情境会让学生更加立体地感受文化魅力，将抽象的内容与生动的实际生活结合在一起，也让学生更容易接受。如教师在为学生介绍我国的文房四宝时，有条件的教师可以把笔墨纸砚带到课堂上，让学生近距离地了解，然后让学生实际感受一下其有何作用。如此能在小学生的心中埋下一颗传统文化的种子，使这颗种子经过不断的灌溉，花开灿烂。

（二）深入挖掘教材中的文化元素

“双减”政策促使教师更加关注课堂教学改革及教学创新，逐步加快教学节奏，确保教育教学工作回归课堂、回归校园。作为学科教学的重要文本，教材的指导作用不容忽略，教师需立足于教材这一主要载体，精心设计学科实践活动，通过对学科教材的深入剖析及研究，明确教学改革的重要方向，实现环环相扣和一步一个脚印的教学效果，确保语文教学的统一性、一致性和针对性。传统文化的渗透比较复杂，为了避免教学方向和行为出现偏差，教师需以教材为依托，加强对教材中文化因素的有效挖掘及整合利用。全方位、多角度地剖析教材中传统文化知识的内涵以及价值，全方位地引导学生、鼓励学生，让学生能产生更多的学习自信心和学习热情，实现高效学习。教学经验丰富的教师会开展趣味识图的实践活动，通过讲故事的形式了解传统文化的背景以及内涵，深化学生对教材知识的理解及认知，培养学生良好的文化探索意识以及能动性。大部分的学生能在综合性实践活动中主动与教师进行交流，产生更多的情感共鸣和智慧火花。语文教师需以宏观分析和微观研究为基础，深入了解不同语文教材中所包含的传统文化、现代文化和审美价值，与学生共同探索其中的文化元素。培养学生的宏观感知能力以及分析判断能力，引导学生结合个人的生活经验以及积累的语文知识，全面审视传统文化的内涵，主动自觉地接受优秀传统文化的教育和熏陶。

（三）开展诵读活动，推动文化传承

教师要想将小学语文教学和传统文化教育融合，可开展有效的传统文化诵读活动，诵读的内容可以是诗词歌赋，可以是国学经典，也可以是童话故事；诵读的方法可以是演讲，也可以是朗诵会，还可以是自由诵读，学生在诵读中不断感悟并发挥想象力，为文化传承奠定基础。此外，开展诵读活动时教师还要注意给学生自选题材的机会，又或者以某一主题为核心，让学生自主查找与传统文化有关的阅读资料，从而强化学生对优秀传统文化的理解。我们常说“书读百遍，其义自见”，学生在诵读中可以更好地掌握其中的思想精华和文化内涵，从而学会从长远的角度看待问题。教师可以以某个传统节日为主题让学生搜集诵读用的古诗词，并在诵读时提醒学生把握诗歌的语气和节奏的轻重。我国有很多的传统节日，每个节日背后都有故事，与之相关的诗词歌赋自然数不胜数。因此，诵读时学生要带入一定的情感，体会词人的心情，深刻体会古诗词蕴含的深刻哲理。

（四）感悟意蕴，阅读教学中渗透诗词文化

阅读是语文教学中的重要组成部分，学生通过阅读可以锻炼自己的语言能力、思维能力提高自身语文水平。对学生来说，阅读是一种非常重要的学习方式，他们可以通过阅读积累知识，丰富情感体验。传统文化在语文教学中渗透期间，教师也要重视阅读教学所发挥的作用。传统文化涉及内容众多，其中学生比较熟悉的便是诗词问题。一般情况下，学生在学习古诗词内容时，都是以背诵、翻译为主，学生很难体会到诗词文化的魅力。为了改变此种情况，教师可以从阅读教学角度出发，让学生在阅读期间感受诗词意蕴，实现诗词文化在语文教学中的渗透。

（五）坚持问题导向——改进教研与培训

要坚持问题导向，基于中华优秀传统文化教育出现的实际问题改进教研与培训。要加强对中华优秀传统文化教育的专题研究，充分依靠语文等传统文化优势学科，设置专项科研课题，深入开展中华优秀传统文化教育专题研究，拓宽研究视野、增加研究深度，为中华优秀传统文化教育教学提供理论基础和学理支撑。要开展语文统编教材以及中华优秀传统文化的教学研究，注重教研方式的改进，聚焦中华优秀传统文化教学的关键问题，开展专题校本教研活动，及时发现、总结和推广中华优秀传统文化教学改革的典型经验。要广泛开展中华优秀传统文化专题的教师读书活动，鼓励教师阅读中华优秀传统文化经典著作，提升开展中华优秀传统文化教育的专业素质，加强自身文化修养，为传承和弘扬中华优秀传统文化发挥更大的作用。要加强中华优秀传统文化专题教师培训，切实提升教师的专业素养，全面提升师资队伍水平。国、省培计划项目中要设置中华优秀传统文化专题培训，通过经典导读、专题报告、交流与研讨等方式，让教师感受中华优秀传统文化的魅力，探讨中华优秀传统文化教学的最佳方式与方法，增强传承和弘扬中华优秀传统文化的使命感和责任感，为实现中华民族伟大复兴做出更大贡献。

总之，在小学语文教学中渗透中华优秀传统文化是教师必须掌握的技能，也是对我国传统文化传承的重要途径。因此，教师对中华优秀传统文化的渗透要结合教材内容深度挖掘中华优秀传统文化的意识形态与类型，找出教材与传统文化的连接点，使传统文化能够全面渗透于课堂教学的课前导入、情境创设、实践活动中，让学生能够在潜移默化中提高综合素质，成为新一代的优秀的社会主义接班人。

二、“双减”政策下小学语文识字教学中融入传统文化

识字教学在小学语文教学中具有十分重要的地位，教师在教学中要特别注重运用科学的方法，让识字教学能够更好地渗透到小学生识字学习中，使得小学生能够更好地从识字学习中感受到文化的底蕴，更好地实现识字学习的实效性和高效化，从而为今后的语文学习奠定良好的基础。

（一）“双减”下小学语文识字教学中传统文化传承的重要方面

1. 以兴趣引导作为识字教学中传统文化传承的教学方案

在小学语文识字教学中传承传统文化要特别注重以兴趣引导作为重要的教学方案。也就是说，在实际教学中要特别注重通过兴趣引导的方法，让学生参与到识字学习中去，并且在这样的过程中真正地实现学生对于问题理解的深度和广度。从而更好地让学生的识字学习具有实在的意义和实在的基础。通过兴趣引导，往往能够更好地使学生在识字学习中感受到识字学习所带来的乐趣，并且也正是在兴趣引导的过程中，学生学习的过程，才能够更好地实现其应有的价值。并不断地促进学生对于知识理解的深度和广度，从而使识字学习能够真正地成为学生的一个重要的学习方向，让学生爱上识字并且也乐于识字。

2. 以强化讨论和交流作为识字教学中传统文化传承的教学方案

小学生的想象力是无穷的，对于小学生来说，很多时候他们对于识字

学习的认知，也往往能够更好地建立在他们对于文字的想象之中。因此，要特别注重以强化讨论作为重要的教学方案，在识字教学中，教师应当善于从讨论的角度来让学生加深对于文字的认识并不断强化对于文字的感知。因此，让学生能够真正地相互讨论起来，并且在讨论的过程中实现识字学习的目的，能够更有效地让识字学习展现出其应有的意义和拥有的价值，因而如何进行讨论，就成为识字教学所必须要注重的，实际上也正是在各种讨论之中，学生的识字学习的效果和识字学习的实效性也往往才能够更加地强化起来，从而使教学的目的能够更加明显地达到。

3. 以鼓励的教学方法作为识字教学中传统文化传承的教学方案

不同于其他教学方法，鼓励性的教学方法往往能够取得更加良好的教学效果。对于学生来说，教师要善于鼓励并且能够在鼓励的过程中让学生感受到学习的效果，这对于整个的教学过程中，实效性的增强和效率性的增加来说都是十分有必要的。因此，在识字教学中，特别是传统文化传承之中，教师应当善于鼓励学生，使得学习的整个过程更加地活跃起来，通过鼓励让学生对识字学习本身有一种内在的感知，通过鼓励往往能够使得学生对于传统文化的传承更加具有积极性。识字也可以通过传统文化的古诗来进行，笔者结合《竹石》这首诗——“咬定青山不放松，立根原在破岩中。千磨万击还坚劲，任尔东西南北风”来让学生学习“青松”，这原本是一首咏竹诗，赞美竹子坚强刚毅的品质，课堂上我借这首诗来赞美青松，希望同学们学习青松坚强、不怕困难、迎难而上的可贵品质。

（二）“双减”下小学语文识字教学中传统文化传承的路径

1. 较为深入地结合生活常识来开展教学

识字教学的传统文化传承之中，应当要较为深入地结合生活常识来开展教学实践活动。对于识字教学来说，更好地让学生能够结合生活中的常识来进行识字学习并进行传统文化的学习，是十分有意义的。学生们只有在生活常识的指引之下，才能够更好地达到学习的效果，从而促进教学效率的提升和改善，不断地让学生们学习的整个过程实现实质性的进步和思考。因此，在实际教学中，教师应当结合生活中的常识来进行教学活动，更好地使教学过程实现实质性的进步。

2. 营造学生的探讨与互动的课堂氛围

课堂氛围的营造在客观上关系着教学实效性的提升，因此，在识字教学的传统文化的传承教学中要特别注重，通过让学生探讨与互动的课堂氛围的营造，使这种文化的传承，能够真正地实现其实质性的进步。

例如，在交流节日文化时以学生最喜欢的节日为抓手，顺势识字学词，不断再现生字词，从多个形声字的学习中引导学生发现“宵、艾、堂”的构字规律并尝试用所学方法认识“赏”；在交流中适时添加节日的古诗、传说等素材，大大丰富了学生对传统节日的认识，既弘扬了中华优秀传统文化，也增强了学生的民族自豪感。因此，这就要求教师能够通过各种有效的教学方法来让课堂的探讨与互动开展起来，这样才能够真正地使学生们在学习的过程中感受到更多的文化传承所带来的乐趣以及识字教学中的乐趣。互动与探讨的课堂氛围的营造是必不可少的，只有建立在这样的过程之中，教学的氛围感才能够更好地以及更为真实地展现出来。

3. 要特别注重学生的发散性思维的练习

在语文识字教学中，教师也要特别注重学生的发散性思维的练习，学生在具有发散性的思维中，使更多的字以及传统文化能够在这样的氛围中得到传承和延续。在识字教学中，激发学生的发散性思维有助于学生从多个角度来认识识字学习，并从这样的识字学习中得到更多的启示。因此，激发学生的发散性思维，有助于学生更好地将传统文化在识字教学中得到更多的延续。因而，这就要求教师如何进行发散性思维的教学，以及如何使学生能够在这样的发散性思维的学习中感受到识字学习的乐趣就特别重要了。

在实际的教学中，教师必须要善于将发散性思维延续到实际教学中去，使得学生们能够敢于进行发散性思维的思考，从而不断地促进学生的学习能力和学生对于汉字的领会能力。

小学语文识字教学中进行传统文化的传承，有其必要性和必然性。教师在实际教学中应当特别注重运用良好的教学方法，对这样的教学进行更好的传承和延续，使学生们既能够识得更多的字，也能够了解到传统文化的基本内涵。

三、“双减”政策下小学语文综合性学习与传统文化融合

2021年1月，教育部印发的《中华优秀传统文化进中小学课程教材指南》对中华优秀传统文化进中小学课程教材“进什么、进多少、如何进”的问题进行了顶层设计。在当前“双减”政策背景下，如何通过各学科的渗透滋养，将中华优秀传统文化的种子埋入每个孩子心田，培养富有文化自信的社会主义事业建设者和接班人，语文老师应该视其为己任。部编版语文教材中的综合性学习，是在教师的指导下，立足于小学生的生活和经验以实践活动为主要形式，有意识地综合开发和利用学生生活、社会生活以及其他学科等课程资源，运用合作、探究等学习方式，在自主活动中发展提高学生语文素养的一种语文学习方式。这二者如何能很好地融合起来，是值得语文老师探索的。

（一）综合性学习与优秀传统文化融合的意义

1. 教育改革的要求

语文新课程改革的一个重要变化，就是专门列出了“综合性学习”。它在课程目标的定位上，在课程内容的设置上，要求把综合性学习作为语文课程的一项重要内容；在课程结构上，旨在体现课堂教学、语文课外活动和综合性学习的结合。《义务教育语文课程标准（2022年版）》根据不同年龄阶段的学生提出了一些建议，带有举例性质。阶段目标的设定具有开放性，给我们留下很大的创造空间。将中华优秀传统文化与综合性学习结合起来，既可以丰富教学内容，又可以弘扬优秀传统文化。

2. 语文综合性学习自我丰富的要求

中华优秀传统文化，可以作为语文课程学习的有机组成部分，丰富语文教学的内涵。可以让语文回到本真，让语文课充满生活气息，可以让语文教学形式多样，更加趣味盎然。将之渗透到语文教学的环节，做到润物细无声，让学生体会语文的魅力。综合性学习的开放性，契合了这种需要。二者的结合，可以极大地丰富语文课程学习，提高学生学习的兴趣，发展学生的个性，提高学生的语文素养。

3. 教师、学生自我发展的要求

教学相长。将优秀传统文化和综合性学习结合起来，一方面可以促进教

师的专业成长，丰富教师的知识素养，让教师在优秀传统文化中不断熏陶，达到知识和人格魅力的飞跃；另一方面，教师的言传身教，对学生也是一种引导，引导学生在不自觉中接受优秀传统文化，并且爱上它们，形成文化自觉传承。

（二）存在的问题

1. 教师重视的意识不够

教师对综合性学习有设计、有训练，但层次性以及深度不够。主要表现为对优秀传统文化与综合性学习如何融合仅仅停留于表面，即概念化。如何在综合性学习中和中华优秀传统文化融合还没有做深入、细致的研究。思想上重视不够，行动上研究不够，教学上对学生的引导不够。

2. 学生对综合性学习和优秀传统文化的兴趣不浓厚

大多数学生对综合性学习重视不够，对优秀传统文化兴趣不浓。通过调查发现，功利性思维在其中占主导地位。学生认为学习这些内容费时、费力，考试成绩占比不大。基于这样的思想，开展这类学习，学生热情不高，主动性差，导致参与度低。

（三）解决的策略与方法

1. 教师应该树立将综合性学习与优秀传统文化融合的意识

首先，教师应该热爱优秀传统文化。

语文教师应该热爱中华优秀传统文化并且能够投入一定的时间与精力，了解、研究、实践。只有这样，才可能在综合性学习中传授准确、精当的知识。老师对于优秀传统文化的热爱之情，可以通过自身的感受传递给学生。而这种情感的传递，对于学生至关重要。语文老师还可以尝试在热爱的基础上，有所创造，这就更好了。例如，在古典诗词教学中，如果能够用诗词对学生进行评价，激趣养志，学生怎么能不喜欢古诗词呢？当然，如果是自己创作的诗词则会更有魅力。

其次，在综合性学习中自觉渗透优秀传统文化。

综合性学习和优秀传统文化可以融合在一起。怎样融合，需要教师有自觉意识和自觉行为。如果没有这种意识，会将二者割裂开来，或者有一种违和感。教师只有将这二者完美地融合在一起，才会让综合性学习落在实处，才可以让优秀传统文化有依托、有根基。而这种自觉，应该是教师的一种发自内心的需求。当这种需求转化为自觉的行为，这种融合才可以长久，才可以在课堂生根、发芽，最终形成内在的动力。

最后，综合性学习的设计应该关注学生的内心需求。

学生是学习的主体，所有的活动最终落实于学生自己的一种内心的需求。教师在做教学设计的时候，完全可以征求学生的意见，了解学生的意愿。这样你的设计才会有呼应，才会引起学生情感的共鸣，学生才会付诸行动。这样的设计才是有生命力的。

怎样关注学生的内心需求呢？教师可以让学生在预习综合性学习时，写出自己想要学到什么。这种调查或许会需要一些时间，但是一定是值得为此付出的。学生的学习主动性得到尊重，自然也会尊重教师的劳动成果。所有综合性学习的设计一定要关注学生的内心需求。

2. 选择将综合性学习与优秀传统文化融合的恰当方式方法

综合性学习内容不多，统编教材每册书三次活动安排。教师应该建立学习的框架。在框架中，渗透一个方面的综合性学习与优秀传统文化的融合。不求面面俱到，追求每一个方面融合的深度与广度。例如，学习《孝亲敬老，从我做起》，侧重于学生“孝”品质的培养。从“孝”这个文字的构成入手，说文解字，让学生在领略优美文字的基础上，走进中国的孝文化。再例如，学习《以和为贵》，紧扣“和”的特征，引导学生走进历史长河去了解中华优秀传统文化的演变，彰显优秀传统文化的魅力，增强民族自豪感。而这些知识的获得、情感的培养，都根植于综合性学习中。

对于学生的学习成果，一定要给学生提供展示的空间和时间。只有充分的展示，才可以鼓励学生不断地进行综合性学习的探索，才能让学生保持一种积极的心态，在学习中和优秀传统文化融合、碰撞，才会形成传承的习惯。教师与学生才可以一起享受综合性学习与优秀传统文化融合的快乐，教学相长成为现实。

综合性学习和优秀传统文化的融合课例研究，需要教师付出努力，遵从学生的认知规律。希望通过研究，可以让我们的优秀传统文化依托于综合性学习，获得更好的传播途径，亦可以让综合性学生内容更有生命力。